Vera Piller

Im Sonnenausverkauf
den besten Strahl erwischen

Gedichte

Herausgegeben von Werner Bucher
und Virgilio Masciadri

orte-Verlag

Der Verlag dankt Pro Helvetia, Schweizer Kulturstiftung, der Cassinelli-Vogel-Stiftung, der Stiftung Raum für Kultur und dem Migros-Kulturprozent für Beiträge an die Druckkosten.

© 2005 by orte-Verlag AG, CH-9427 Zelg-Wolfhalden und 8053 Zürich

Umschlagentwurf: Irene Bosshart, Wolfhalden
Druck: Memminger MedienCentrum AG, D-87700 Memmingen
Printed in Germany
ISBN 3-85830-128-0

www.orteverlag.ch

Auf der Suche nach einer neuen, revolutionären Schönheit

Von Werner Bucher

Als die beiden Herausgeber des vorliegenden Buches entschieden, das schmale dichterische Gesamtwerk von Vera Piller aus dem nun schon bald zwanzig Jahre andauernden Dornröschenschlaf zu befreien, war ihnen klar: Nicht jedes der ersten Gedichte Vera Pillers hat den Rang der späteren, die sich die am 31. Dezember 1949 in Wiesbaden geborene und später in Darmstadt aufgewachsene Dichterin in den letzten Jahren ihres kurzen Lebens abgerungen hat. Erst durch eine Krise, die Trennung von ihrem Ehemann, dem Künstler Dominique Piller, zur Poetin geworden, tastete sie sich aber verblüffend rasch ans Wort heran und schrieb nach ersten zaghaften Versuchen Gedichte, die unverwechselbar sind, eben von Vera Piller, singulär und quer in der damaligen und erst recht in der heutigen Literaturlandschaft. Völlig zurecht meinte Vera Pillers erster Verleger – Rolf Thut – über die Gedichte: „Sie gehören zum Besten und Wahrhaftigsten, was ihre Generation hervorgebracht hat. Es sind die Gedichte einer umhergetriebenen, zwischen Extremen lebenden Frau, die Lyrik wie viele andere als Identitätssuche und Therapie begonnen hatte und dann die letzten fünf Jahre ihres Lebens mit einer Totalität darauf zurückgeworfen wurde, die ihr alles andere – Performance, persönliche Freundschaft, das ‚Dabeisein' im Kreis der Kulturverwalter, kurz: das ‚Leben' – misslingen liess."

Präziser liesse sich dies kaum sagen. Darum zitiere ich gern meinen – wie Vera Piller – viel zu früh verstorbenen Freund, Verleger und Dichter Thut, dessen unvollendetes Langgedicht „Heisse Fracht für Algier" in der Schweizer Lyrik seinesgleichen sucht.

Item, ehe sich Vera Piller intensiv mit Schreiben beschäftigte, hatte sie über Jahre als Kosmetikerin, Serviertochter und in andern Jobs gearbeitet, um das notwendige Geld zu beschaffen, damit ihr Mann als Kunstmaler ohne grossen finanziellen Druck kreativ wirken und die kleine Familie überhaupt leben, lies: ausstehende Rechnungen bezahlen konnte. Die eigenen Interessen stellte Vera Piller damals schlicht in den Hintergrund. Mehr und mehr erkannte aber die zierliche Frau, die, wie einer ihrer Freunde es formulierte, „jeden Augenblick zu zerbrechen drohte", dass sie allerhand zu sagen hatte und ihr Leiden am Dasein nach sprachlichem Ausdruck verlangte. Auch darum setzte sie sich mit ihrer ganzen Energie und ihrer durchaus vorhandenen Zähigkeit dafür ein, sich dem Gedicht und jenem Menschenbild anzunähern, das sie zuvor primär in der Aussenwelt gesucht hatte, ehe sie allmählich entdeckte (sie erwähnte es in einem Radio-Interview), dass dieser erträumte Mensch in ihrer Seele lebte, den sie „noch nie gesehen" hat und der, wie es in einem Gedicht heisst, „keiner von unsern Präsidenten oder Staatsmännern oder Künstlern ist", sondern „ein lebendiger Mensch wahrhaft lebendig" und der „Augen wie die Augen eines Tigers" hat.

DIE WERDEN, DIE WIR SIND

Claus Bremer, der grosse konkrete Poet, der Vera Piller gekannt und nicht zuletzt wegen ihrer politischen Haltung bewundert hat, schrieb in einem ihr unter dem Titel „diesen morgen" gewidmeten Gedicht nach der für die Dichterin gehaltenen Abdankung in einer der seelenlosen Betonhallen des Zürcher Krematoriums Nordheim: „wir beugen uns deiner elegie / gehorchen deinem Bescheid / durchlöchern das blech der uniform / zerschneiden die norm / werden DIE die wir sind* / identisch mit dem kind das sich weigert sich zu fügen."

---

* Bremer hat den Ausdruck wohl von Pindar (2. pythische Ode, Vers 72), gemäss seiner (dadaistischen) Devise: „Schreib alles ab und setz deinen Namen darunter."

Vera Piller wollte „*Die* werden, die wir sind", wollte sich nicht fügen und schon gar nicht von irgendwem oder irgendwas einvernehmen lassen, daran ist nicht zu zweifeln. In einem sehr überzeugenden Gedicht heisst es zwei, drei Jahre vor ihrem Tode fast programmhaft: „Wenn du wahrhaftig du wirst, wirst du einige finden, die diesen Weg mit dir gehen." Ob Vera diese wenigen in ihrem Leben gefunden hat, weiss ich nicht. Ich bezweifle es, nicht aber, dass sie „wahrhaftig du wurde". Das zeigt sich vor allem in ihrer letzten Schaffensphase. Mit jedem damals geschriebenen Gedicht kam sie näher an das von ihr verzweifelt gesuchte Ziel, bis aufgrund ihres gesundheitlichen Zustandes die Kraft nachliess und die Schlaflosigkeit sie zwang, immer häufiger Tabletten zu konsumieren.

Und wenn ich auch in den ersten „Kaputtmacher"-Gedichten und insbesondere in der „Kinderliedern" noch ein Verhaftetsein in der Sprache des Klassenkampfes der 68er ausmache (mit Worten wie Genossen, Polizei, Demo usw.), was der Poesie nicht unbedingt bekam – ich halte es mit Veras ersten Verleger, der in diesem Zusammenhang schrieb: „Sie hat sie nicht gefunden (wiederum *die wenigen*, wb), aber dank ihrer Unbedingtheit sind ihr Gedichte gelungen, die sich vom bloss Gutgemeinten und rechtschaffenen Engagierten weit abheben."

Das trifft zu. Je mehr das Klassenkämpferische, das Aufbegehren gegen die Ungerechtigkeiten auf unserm Planeten von Vera Piller abfiel und ihre privaten Höllen nicht mehr allein ihre waren (nach Rolf Thut kam's einer Annäherung ans lyrische Ich gleich), desto stärker wurden die Gedichte.

Danach hatte es lange nicht ausgesehen. Schwer verletzt und verbittert über ihren autoritären und primär dem äusseren Erfolg verpflichteten Vater, der, wohl nicht nur aus Vera Pillers Sicht, am Tod seiner ersten Frau, Veras geliebter Mutter, vielleicht mitschuldig war; dies hinderte sie manche Jahre, kreativ, also Dichterin, zu werden. Zu sehr damit beschäftigt, dem Hass dauernd neue Nahrung zu geben, gelang es ihr erst spät, zum Eigentlichen zu gelangen.

Das änderte sich nach weiteren Krisen, die das Leben ihr wie mit „Peitschenhieben" zufügte. Wichtig jedoch für ihre Entwicklung als Lyrikerin war, dass ästhetische Kategorien für sie mehr und mehr an Bedeutung gewannen. Deutlich machte dies Rolf Thut in seinem Vorwort zum nach Vera Pillers Tod veröffentlichten Band mit dem ihrer ganz eigenen Ironie entsprechenden Titel „Macht damit was ihr wollt". In dem heute noch gültigen Text meinte Thut, bezogen auf die Beatniks und auf so viele rechthaberisch-moralische Schriftsteller: „Demgegenüber könnte die ‚unrealistische' und gleichwohl leidenschaftlich-unnachgiebige Forderung Vera Pillers nach einer neuen, revolutionären Schönheit der Welt und des Lebens zu Antworten führen, die tragfähigeren Grund bieten als vieles zu kurz gegriffene und kurzatmige Engagement."

Rolf Thut hat das nach meiner Ansicht richtig gesehen. Wer freilich Vera Piller, dazu gehörte auch ich, als Mensch und Frau näher kennenlernen durfte, wird im Nachhinein kaum in Gefahr laufen, sie als Person irgendwie zu glorifizieren. Das hätte sie, manche Äusserungen lassen darauf schliessen, gewiss nicht gewollt. Sie sah sich nie als eine Art Heilige, kokettierte höchstens mit dieser ihr nicht allzu selten von Männern zugeschanzten Rolle. Doch gerade weil sie sich bewusst war, nie eine alte Lady wie die von ihr verehrte ehemalige Sekretärin Lenins zu werden, wollte sie im Verlauf des letzten Lebensabschnittes als Dichterin möglichst viele Träume umsetzen und sie allen Widerständen zum Trotz verwirklichen. Dabei kannte sie kein Pardon, keine Rücksichten gegenüber der eigenen Person und ebensowenig gegenüber ihrer Umgebung oder ihren Mitstreitern.

WIRR EILE ICH EURER SCHÖNHEIT ENTGEGEN

Was Vera Piller sich einmal in den Kopf gesetzt hatte, sollte, gehauen oder gestochen, möglichst bald Realität werden. Dadurch kam es zwangsläufig öfters zu Brüchen mit Menschen, die der jungen, von Männern umschwärmten Dichterin nahestanden, teilweise vorübergehend, oft auch endgültig. Hindernisse mussten gnadenlos beseitigt werden; und gelang's nicht, floh Vera Piller manchmal innerhalb weniger Tagen aus einem vermeintlichen Geborgensein in die nächste Unsicherheit.

Etwa aus der zur Hauptsache von ihr begründeten Wetzikoner Kulturfabrik, wo sie wie andere Kulturschaffende in der dazu gehörenden Villa einer reichen Besitzerin leben durfte, ehe sie einem Hinauswurf zuvor kam, weil ihr von Leidenschaft begleiteter Versuch scheiterte, die „Fabrik" gewissermassen in ein Zentrum der Zürcher Jugendbewegung umzufunktionieren.

Ähnlich erging es Vera Piller im Künstlerhaus Boswil, in dem sie nach einem körperlichen und psychischen Zusammenbruch und einem Aufenthalt in einer psychiatrischen Klinik Unterschlupf gefunden hatte, um dann auch dort, in einer für sie allzu schöngeistigen Umgebung, weder das gesuchte Paradies zu finden noch eigene Pläne und Forderungen durchsetzen zu können. Ebenso stieg sie in neue Beziehungen, Freundschaften voller Enthusiasmus ein, um sie dann urplötzlich aufzugeben oder wegzuwerfen, wenn der oder die andere nicht in ihrem Sinn spurte und die Dinge etwas anders sah. Genauer ausgedrückt: Verzweifelt suchte Vera Piller wohl ihr kurzes Leben lang nach Nähe und ertrug sie zugleich nicht, es sei denn, der oder diejenige unterwarf sich ihren Ideen, Vorstellungen und Plänen, damit er oder sie von ihr wenigstens nicht mit Liebesentzug bestraft wurde.

Aber wen Vera Piller auf ihrem beschwerlichen Lebensweg auch traf, ihre Intensität, ihre Verlorenheit liess kaum einen unberührt. Nahezu jeder, der ihr begegnete, wollte dieser einmaligen Mädchenfrau unter die Arme greifen, sie vor den Widerwärtigkeiten auf dieser Erde schützen und ihr helfen, sich ohne äusseren Druck dem Eigentlichen, dem Schreiben zu widmen.

Es gelang letztlich keinem. Schon gar nicht Institutionen (Kulturfabrik, Künstlerhaus usw.). Stets blieb Vera Piller dabei bewusst – Gedichte, Briefe, Tagebuchnotizen beweisen es –: Sie stand

„vor einem Abgrund der Einsamkeit", pendelte ununterbrochen zwischen Mut und Verzweiflung, zwischen Ankommen und Weggehn – was aber nichts daran änderte, dass sie immer wieder andere Menschen mit ihrem Lachen, ihrer bis wenige Monate vor dem Tod nie ganz versiegenden Lebensfreude bezauberte, hin und wieder gar mit ihrem Galgenhumor. „Wirr eile ich eurer Schönheit entgegen", formulierte sie es in einem Gedicht, und anderswo lesen wir in den ersten Zeilen: „Im Sonnenausverkauf den besten Strahl erwischen und sehen, dass dieser Strahl mehr ist als ein Doppeltütchen voll Opium, in Tränen aufgeweicht." Sie sah ja bei ihrem drogenabhängigen Ehemann, im nach wenigen Monaten plattgemachten Zürcher AJZ, bei andern nahen Menschen, wie Drogen zerstören und gleichzeitig die bürgerliche Umwelt keine offene, von Zwängen und Normen befreite Welt je dulden würde.

Kurzum, entgegen dem Eindruck, den manche Gedichte vermitteln, gehörte Vera Piller nicht zu den hoffnungslos destruktiven und Tag und Nacht von Untergangsgedanken umgetriebenen Menschen. Auf eigene Art liebte sie das Leben mit seinen Überraschungen, seinen Geheimnissen, genoss gern einen guten Wein (etwa Moulin-à-vent), fühlte sich wohl unter Menschen, die sie wenigstens für eine Zeitspanne nicht einengten, und ahnte doch schmerzhaft, dass für sie „die Zärtlichkeiten zu spät kommen".

Der Tod der Mutter, die Strenge und Sturheit des Vaters prägten sie entscheidend. (Auch ein Friedrich Glauser zerbrach an einem ähnlichen Vater.) Und im Spannungsfeld von Sehnsucht nach Geborgenheit und dem Wissen, dass es eine solche für sie nie geben würde, lebte sie ihr unruhiges, von ständigen Aufbrüchen und Niederlagen begleitetes Leben und suchte nach den richtigen Worten, ihre inneren *und* äusseren Erfahrungen – fern von Selbstmitleid – auszudrücken. Daher floh sie immer wieder in die Abhängigkeit von Nikotin, Coffein und Schlaftabletten, pendelte halbe, wenn nicht ganze Nächte durch Zürichs Niederdorf und dessen Szenenlokale, um handkehrum in einer ihr genehmen Umgebung Stunden der

Fröhlichkeit zu bringen oder sich der Fantasie hinzugeben, bald am Steuer eines Chevi durch die halbe Welt zu sausen.

Diesen Zwiespalt erkannten einige ihrer Mitmenschen. Auch der hier Schreibende. Etwa wenn Vera Piller und er gemeinsame Pläne ausarbeiteten, miteinander eine neue orte-Nummer besprachen, stundenlang in einer Beiz sassen, Autofahrten unternahmen, mit E- und U-Musikern die mit „Holde und Unholde" betitelte Kassette zusammenstellten, öffentliche Auftritte diskutierten oder sich zu zweit an Gedichte und andere Texte wagten. Trotzdem war's mit spielerischem Vergnügen verbunden, sich in einer Landbeiz im toggenburgischen Hemberg oder während eines Aufenthaltes in Andermatt beim gemeinsamen Gedichteschreiben abzuwechseln – so oft, dass ich heute beim besten Willen nicht sagen kann, welche Zeilen von Vera und welche von mir in das an einem Kiosk erstandene Schulheft gekritzelt wurden. Eindeutiger war da die Rollenverteilung für das Hörspiel „Goldfische", das 1980 vom Studio Bern zwei- oder dreimal über den Äther ging und gewiss auch seine leichtfüssigen Qualitäten hatte. Es entstand spontan im Verlauf zweier Barbesuche im Zürcher Langstrass-Quartier. Wir trafen uns dort und sprachen ohne jede Vorbereitung auf ein Tondbandgerät, tippten die Aufzeichnungen später ab, verknappten die Dialoge und bauten das Hörspiel dramaturgisch auf.

ENGEL, FIGUREN DER HOFFNUNG
Öfters tauchen in Vera Pillers Gedichten Engel auf. Gehört Vera Piller also zu den religiösen Dichterinnen? „Engel können nicht auf der Erde leben, das Klima hier unten ist zu heiss", schrieb sie einmal. Anderswo bekennt sie, dass sie einen „Engel braucht" – und ein Prosatext trägt den Titel „Stadt der Engel". Ich vermute, der so oft herbeizitierte Engel war für sie eine Figur der Hoffnung – obschon sie's nicht mochte und jedesmal darüber spottete, wenn Bekannte sie, ich wiederhol's bewusst, schon wegen ihrer äusseren Erscheinung mit einem Engel verglichen oder, so dem nicht voll-

ständig erhaltenen Tagebuch entnommen, ein „HEILIGENBILD" in sie hineinprojizierten.

Geprägt von den Beatniks, den Beatles, Jim Morrison, Janis Joplin vor allem, erlebte Vera Piller intensiv, wie sehr die Welt vor die Hunde geht und eine gute Zukunft, geschweige eine gute Gegenwart höchstens in wenigen Momenten erahnbar wird. Die anarchistische Jugendrebellion der Achtzigerjahre nahm sie hautnah auf, solidarisierte sich mit ihr bis zum Gehtnichtmehr, ehe sie unter Schmerzen erkannte, dass diese von den bürgerlichen Parteien und deren Wählern mit Gewalt zerschlagen werden würde und nicht die geringste Chance besass gegenüber der Ideologie des Wachstums und der zwinglianischen Meinung, Gott stehe seit eh und je auf Seiten der Tüchtigen (während ich dies schreibe, bewegt sich die gesamte US-Administration auf dieser Linie und bringt dem „Rest der Welt" bei, was Demokratie ist).

Vera Piller wollte zwar eine andere, eine verspielte, nahezu in jeder Hinsicht offene und transparente Welt, erkannte aber in jenen Monaten bald wie andere: In unseren festgezurrten, zubetonierten Gesellschaftsstrukturen „überleben" letztlich „nur Stämme", ein Spruch, der durchaus von ihr sein könnte, den jedoch aufgebrachte Jugendliche auf Zürcher Betonwände sprayten. Dennoch wollte sie tapfer sein – gerade weil sie in Wetzikon, in Boswil, in Zürich und anderswo dauernd von Ängsten und Zusammenbrüchen verfolgt wurde. In einem ihrer besten und kompaktesten Gedichte sagt sie zu ihrer imaginären Tochter und zu sich selber: „In dieser Stadt Zürich muss man tapfer sein, denn durch diese Stadt, durch diese Strassen geht ein tiefer Riss."

Damit meinte Vera Piller letztlich nicht nur „diese Stadt Zürich", sondern die Kälte, die sie allenthalben antraf. Sie sah voraus, dass viele ihrer und der nachfolgenden Generationen kaputt gehen würden, sah den Platzspitz kommen, den Letten, den Shareholderkapitalismus, die schreckliche US-Politik der Neokonservativen, ohne diese Begriffe schon zu kennen – und als an der Gegenwart Leidende spürte sie, dass in der Welt der Tüchtigen sensible Menschen nichts oder wenn, wenig zu suchen haben und deshalb, wie in ihrem Fall, oft elendiglich zugrunde gehn, wenn nicht die Liebe zum Leben sich als stärker erweist.

Aber Vera Pillers Gedichte können jetzt wieder gelesen werden. Und wer heute die feine, fragile, kindlich anmutende Stimme dieser Dichterin dank Aufnahmen vielleicht zu hören bekommt, dürfte irritiert sein, dass Vera Piller einst so „böse" Lieder sang und nie „positiv" aufgemotzte Gedichte las – und dennoch, die Stimme verrät's, einen winzigen Rest von Hoffnung nie vollends unterdrückte. Und wer immer aus einem der wenigen mit einem Titel versehenen Gedichte („Torremolinos") nachfolgende Zeilen hört oder sie laut liest, dürfte Schwierigkeiten kriegen, sich einer Rührung zu erwehren. Auch wird er auf einmal wissen, dass allen Verletzungen, allen Scheusslichkeiten, aller Verdammnis zum Trotz noch nicht alles verloren ist.

> *Aber wenn einer kommt und fragt:*
> *kann ich dir helfen?*
> *dann schreie ich JAAA!*
> *Siehst du das nicht?*
> *Hilf mir,*
> *meinen Koffer zum Bahnhof von Torremolinos zu tragen*
> *und bete für mich,*
> *dass bald ein Zug kommt,*
> *der mich von hier fortträgt*
> *und dessen Stampfen und Quietschen*
> *mir das Gefühl gibt,*
> *noch irgendwo Kinder zu finden,*
> *die keine ausgefransten Arterien haben.*

Gewiss, ich wiederhole es, nicht alle Gedichte von Vera Piller überzeugen. Einige mögen Lesern und Leserinnen vielleicht wie

Tagebuchnotizen vorkommen. Andere wurden, weil in den letzten Lebensjahren oft die Kraft fehlte, nie überarbeitet. Doch für mich wird es nie eine Frage sein: Diese Dichterin, diese Frau hat dreissig, vierzig gute, starke, bleibende Gedichte geschrieben. Das dürfte reichen, weiss Gott. Wie meinte doch Gottfried Benn? Es genüge, wenn ein Dichter oder eine Dichterin sechs starke Gedichte in seinem Leben gemacht habe. Von Vera Piller gibt's mehr als nur deren sechs (von Benn selbstredend gar einige mehr; er weilte auch länger unter den Lebenden).

Sie schrieb, um das überzeugende, nicht von Gesäusel und Weltschmerz verunstaltete Gedicht zu finden. Und sie fand es, jenseits jener Kunstgewerblerinnen-Lyrik, mit der Verlage und Redaktionen von Literaturzeitschriften heute eingedeckt werden.

Was will man mehr als eine neue Schönheit, als die Ahnung, dass überall dort, wie der grosse Seher Hölderlin überzeugt war, „wo Gefahr ist, Rettendes wächst" und „Dichter stiften, was bleibet"! Vera Piller hat allerhand gestiftet und mitunter die inzwischen längst verdrängten Jugendunruhen ins Gedicht geholt. Aus ihrem Leiden heraus *wie* aus der Lust, über ihre Not leise zu spötteln, sie vor unsern Augen schmerzhaft blosszulegen – und darüber hinaus mit der Einmaligkeit ihrer Metaphern Geheimnisvolles anzudeuten und zugleich, wenn ich dem so sagen darf, auf eine Art Mut zu vermitteln, wie es keines der unzähligen Bücher über „positives Denken" vermag. Dass eine zeitkritische, vom Leben brutal umgetriebene und in der Nacht vom 15. auf den 16. Mai 1983 in ihrer Duschwanne (an Zürichs Frankengasse 10) nach einem Sturz ertrunkene Dichterin dies konnte, stimmt dankbar. Mich jedenfalls. Und es ist Zeit, dass nicht allein die literarische Welt ihre Gedichte wahrnimmt, sondern viele dies können und dürfen, die – wo immer – den „Mensch" suchen, den sie „noch nie gesehen" haben und „der irgendwann einmal ankommen wird".

Zürich Kaputtmacher AG
& Companie

Widerspenstige Tatsachen,
wie seinerzeit die Sekretärin Lenins.
So nehmen Träume Gestalt an
und beginnen ein eigenes Leben zu führen.
Die Ankunft der Feen
ist kein schlechtes Geschäft
für Theosophen,
wie seinerzeit für die Sekretärin Lenins.
In modernem Gewand
tritt uns das Problem
auf mikroskopischer Ebene entgegen.
Woher kamen die Steine,
die in jener Nacht
beim botanischen Garten in Siena niederfielen?
Wurden sie von der Sekretärin Lenins geworfen?
Alle nannten sie komisch,
weil sie aus der Art geschlagen schien;
und weil sie nie stritt,
konnte keiner mit ihr streiten.
Ihre Worte waren sehr leicht zu verstehen
und sehr leicht zu befolgen.
Ein Name
war schon eine Aussage
von der Sekretärin Lenins.
Jeder hat das Recht,
seine Meinung
in Wort, Schrift und Bild frei zu äussern.
Auch in Zürich
in der   (AN DIESER STELLE SOLLTEN STEHEN NAME
           UND ADRESSE
im   WURDEN ABER AUF DRINGENDE BITTEN VON
           IHR GESTRICHEN)
bei der Sekretärin Lenins.

Disco-Platten,
fade Stimmung,
lustlos
pendle ich
zwischen der Tanzfläche
und der Bar.
Niemand scheint hier glücklich zu sein.
Mein Blick schweift durch den Raum,
ich sehe nur Zombies,
gehe raus
und stehe in der Niederdorfstrasse,
sehe immer die gleichen Statisten,
die auf und ab gehen,
ein tödlicher Samstagabend
in Zürich,
ein Wochenende
ohne die Kaputtmacher AG und Companie.
Nachher die Kontiki,
gedämpfte Schummerbeleuchtung,
alles bekannte Gesichter,
mit denen ich nichts gemeinsam habe.
Stumme Gespräche,
ein leiser Schrei
in mir.
Es scheint sich ein Eisberg um mich zu entwickeln.
Soll ich es noch in der Züri-Bar versuchen?
Alles in mir sträubt sich.
Bodega
NO QUIERO
Mache mich auf den Heimweg,
vorbei an Betrunkenen,
Prostituierten,
Strassengitarristen,
dem Tod auf der Strasse,
dem Tod in der Stadt,
den unglücklichen Jungen,

den verbitterten Alten.
Am Bellevue angekommen,
kauere ich mich zerschmelzend auf eine Bank
und starre auf eine Plakatwand,
die mit A-Bomben und Sex-Bomben beklebt ist.

Ich sah sie im Lampenlicht sitzen,
und ich ging hinein,
und er sprach mit übertriebenen Gesten,
du lieber Himmel,
sein Gesicht war rot und er sprach
und wollte, dass man ihm Recht gibt.
Er gestikulierte,
aber als ich sie verliess,
sass er nur da,
und sie sass da,
ihm gegenüber,
und ich stieg in mein Auto,
legte den Gang ein
und verliess sie da,
damit sie tun konnten, was immer sie tun wollten.

Noch ist alles nur Theorie:
die Verlorenen sind gefunden,
die Kranken sind geheilt,
die Phantasielosen sind kreativ.
Ich hänge an einem Nagel,
die Sonne durchbohrt mein Herz.
Ich bin die Cousine einer Schlange,
und ich habe Angst vor Wasserfällen
und grünen Wänden.
Ich bin im Grunde genommen froh,
dass ihr mein wirkliches Verbrechen nicht entdeckt habt.
Trips wie Flussbetten.
Ich reiche meinem traurigen Spiegel die Hand.

Der Zustand greift mir in die Flügel,
kurzes Kämpfen in der Luft,
dann Absturz
gelungen.
Der gerettete Pilot hört den Beifall
der verstorbenen Menge nicht,
weint über Blut,
sollte lachen wie im Gewitter.
Tote rote Bluttiere sind über meinen Körper gekrochen.

Ich lag friedlich auf dem Rücken
und schoss die Sterne ab,
einen nach dem andern,
und dann schoss ich den Mond aus,
und dann ging ich herum
und schoss alle Lichter der Stadt aus,
und wenig später begann es, dunkel zu werden,
richtig dunkel,
so wie ich es liebe.
Aber nun kann ich nicht mehr schlafen,
ohne Licht,
das in den Augen schmerzt.

Ein alter Mann bat mich um eine Zigarette,
und vorsichtig nahm ich zwei aus der Schachtel
und gab sie ihm.
Wir sind sterbende Vögel, sinkende Schiffe,
tote Fische, tote Frauen, tote Kriege,
Lichtsignale in einer Geisterstadt.
Wir standen an einer Ecke,
wo uns der eisige Wind nicht erreichen konnte.

Ich sehe, wie sie das Haus abreissen,
wie sie von Hand die Mauern einschlagen
mit ihren grossen Hämmern,
und ich sehe sie an der gleichen Stelle
ein neues Haus errichten,
und ich höre das Geräusch,
wie sie Nägel in Holz einschlagen,
und abends liegt das Gebäude brach,
still und unbenutzt,
bis auf die wenigen Katzen, die auf Balken balancieren.
Das Auto mit den Zeitungspaketen kommt,
bremst quietschend,
ein Mann steigt aus und schmeisst ein Paket auf die Erde,
knallt die Türe zu und quietscht wieder ab.
Wie die Ratten aus den Löchern
kommen jetzt die Zeitungsverträger,
und jeder nimmt seine Ration von dem Pack,
in Windeseile werfen sie vor jede Haustür ein Pack Zeitungen,
die dann später, beim Frühstück, hastig durchgeblättert werden,
bei der zwölften Seite, bei den Inseraten und Todesanzeigen
wird länger haltgemacht,
alles andere nur schnell, damit man mitreden kann.
Dann fangen sie wieder an,
mit einem Mund voller Nägel,
den Hammer in der Hand.

Die 14 Engel
Kindergebet

Abends, wenn ich schlafen geh,
vierzehn Bewacher bei mir stehn:
zwei zu meiner Rechten,
zwei zu meiner Linken,
zwei zu meinen Füssen,
zwei an meinem Kopf,
zwei um mich zu wecken,
zwei um mich zu fragen,
zwei um mich zu schlagen,
doch ich werde nichts sagen.

Meister Jakob
Kinderlied

Bommi Baumann,
Bommi Baumann,
schläfst du noch,
schläfst du noch?
Hör doch die Sirenen,
hör doch die Sirenen,
tütata tütata!

Sigi Widmer,
Sigi Widmer,
schlaf doch ein,
schlaf doch ein!
Hör doch deine Reden,
hör doch deine Reden,
blablabla blablabla!

Armes Zürich,
armes Zürich,
wach doch auf,
wach doch auf!
Sieh doch, was hier los ist,
sieh doch, was hier los ist,
schlag mal zu, schlag mal zu!

Ich habe mein eigenes Wohlbefinden,
und das ist nicht von dieser Welt;
dieses Ansaugende,
dieses Verschlingende,
das durchtränke ich mit dem Element von Träumen;
ein kurzes Aufblitzen
zwischen den Wimpern
und ein Zucken der Nasenflügel,
des belebenden Knisterns
der Zwietracht beraubt,
unter den Schreien einer Wahnsinnigen,
dem Haar einer Wahnsinnigen,
diesem erregenden Haar von Schreien,
das von Zeit zu Zeit über den Schlaf fegt,
mit der hemmungslosen Freiheit
einer Wilden.

Ihr mogelt beim Spiel,
und weil ihr das tut,
werde ich euch dabei Gesellschaft leisten.
Der Typ, den ich verfolge,
ist meinem Bewusstsein noch nicht deutlich geworden.
Ich bin durch eine Reihe von rauhen Schulen gegangen,
denn ich handle unter dem Einfluss
einer natürlichen Droge,
und hätte ich Gift genommen,
so wäre das soviel gewesen,
als wollte man weiss auf weiss
und schwarz auf schwarz malen.
Ich werde meine Verwirrung geheim halten,
mich weiterhin schlecht gelaunt zeigen,
bis zum nächsten Tag,
um indessen zu schreiben
und mein zorniges Gesicht
nicht zeigen zu müssen.

Als ich sie im Januar sah,
schien sie abgemagert,
und ihr Wille zum Leben
war gebrochen.
Als ich im Februar kam,
hatte sie einen Sauerstoffschlauch in der Nase
und wollte einen Crevettencocktail essen.
Ich holte einen
in der italienischen Kneipe
an der Ecke.
Nachher tranken wir Sekt
und rauchten,
und ich schickte die Krankenschwester zum Teufel,
als sie ihren Kopf zur Tür reinstreckte
mit ihrem
Dastutunsabergarnichtgut.
Mam fantasierte
und hielt das obligatorische Kreuz
an der Krankenzimmerwand
für Eddie Constantin.
Sie wusste,
dass es nun soweit war,
und sagte:
Warum muss ich denn an so was sterben?
WAS ANTWORTEN
Auf der Strasse sangen die Fastnachtsheimkehrer
Ruckizucki,
als sie sich zum letzten Mal aufbäumte,
am Aschermittwoch
war alles vorbei.

Die faltige Seele
fühlt manchmal noch lyrisch.
Wenn man nur nicht so müde wäre.
Du siehst in schrecklicher Gelassenheit:
wir sind umzingelt
und wir werden fallen.
Aber ich bin nicht die erste,
in deren Handgelenk die Fessel einschneidet,
und ich werde nicht die letzte sein.
Es gibt wohl Zeiten,
die der Irrsinn lenkt,
und man gewöhnt sich daran,
dass immer die besten Köpfe
dran glauben müssen.
Lasst uns die Gespräche schneller führen,
die Zeit schreitet voran.
Dein Gesicht ist sehr weiss
und ungeheuer oben,
und wenn ihr dann nachher
ein Leichenhemd für uns aussucht,
dann nehmt das rote
mit den schwarzen Sternen.

– **Wo gehst** du eigentlich hin
mit deinen langen Haaren
und dem Protestknopf auf deinem Blumenhemd?
Du, sag mal, machst du bei einer Demo mit,
hast du noch Hoffnung?
– Davon lebe ich.
– Ich habe keine mehr.
Nimmst du mich mit?
– Ich gehe gen Süden.
– Wann?
– Jetzt.
– Dann muss ich erst noch packen.
Wo hast du dein Gepäck?
– Ich habe nichts.
– Hast du Geld?
– Nicht viel.
– Wie kommst du durch?
– Irgendwie geht's.
– Ich glaube, ich bleibe hier,
ich muss vorher noch einiges erledigen.
– Es gibt nichts, das du tun musst.
Ich gehe jetzt,
tschüss.
– Aber man kann doch nicht einfach so gehen.
– Es gibt nichts, das man nicht kann.
– Ich muss mich noch verabschieden.
– Es gibt niemand, der dich vermisst.
– Ich.
– Weisst du,
ich muss jetzt gehen.
Geh mit oder bleib da,
aber halte mich nicht länger auf,
ich muss zur Autobahn.
– Vielleicht kannst du mir schreiben, und ich komme nach.
– Lass mal,
ich sehe,

du kommst hier nicht weg.
Gute Zeit wünsch ich dir.
Weisst du,
du musst wahrscheinlich
hier noch ein bisschen hinter die Kulissen sehen,
bis du so gehen kannst
wie ich,
tschüss.

Schwäne verenden auch im Frühling
und schwimmen sterbend sonntags in den Seitenkanälen.
Ich habe seit drei Nächten nicht geschlafen,
und meine Augen sind mehr rot als weiss.
Ich grinse in den Spiegel und höre das Ticktack des Weckers,
das Gas im Boiler riecht,
ein heisser schwerer Geruch,
der sich mit dem Geräusch parkender Autos vermischt,
die sich vorzugsweise im Rückwärtsgang
in die schmale Einbahnstrasse quetschen.
Sie parken wie Ornamente,
und wir reden und reden,
aber ich kann nichts hören.
Ich höre den Regen wie eine Toilettenspülung
durch die Wand
UND DIE BLUMEN BREITEN DIE ARME AUS UND LIEBEN SICH

Vera mit ihrer Mutter

Hochzeitsbild von Veras Eltern 1942

Vera im Alter von 15 Jahren, mit Ivan Rebroff

Vera (rechts) mit Schwester Bärbel

Das junge Mädchen Vera

Vera als Taufpatin (1962)

Vera und Dominique Piller

Sie sass am Ende der langen Bar,
als ich in die Kneipe kam,
ihre Geste sollte scheinbar unauffällig sein,
aber ich sah es,
und sie wusste, dass ich es sah,
und dann ging ich zu einem Tisch,
an dem Leute sassen, die ich kannte.
Sie sah mir lange nach,
sah mich an
wie den Dämon, der ihr Glück gebannt hat.
Ich ging zurück
und verlangte Geld für die Musikbox,
liess die Münzen in den Schlitz fallen,
und dann stand sie neben mir,
ich fühlte den Blick in meiner Seite,
wahllos drückte ich einige Tasten,
begegnete dann ihrem Blick,
als ich mich umdrehte, um zurückzugehen.
Warum hast du das getan?
schien er zu fragen.
Stumm starrte ich sie an,
sie sah betroffen aus,
aber die Genugtuung konnte keine sein.
Ich zerrte mir schmerzvoll die Eingeweide aus dem Leib,
während ich sprach,
während ich alles, alles erzählte
und ich hasste sie dafür,
dass sie nun alles wusste.

Fast unfähig zu schreiben,
weil die Droge wirkt in lähmender,
fortgesetzt stumpfer Weise,
spüre die ausgetrocknete Zunge in meinem Mund.
Sie tötet alles ab, nur nicht den kalt und heiss
rasenden Schmerz.
Der normale Schrei wird zum Lachen,
damit niemand merkt,
wie weh mir alles seit Monaten tut.
Meine Tränen stammen nicht von heute,
der tierische Schmerz nicht von gestern
oder Donnerstag
ES IST ALLES EIN STEINZEITGEBRECHEN

Ich befinde mich in einer Situation,
die künstlerischen Ausdruck nicht verträgt.
Unfähig, irgendwelchen Forderungen nachzukommen,
versuche ich es weiterhin mit der Sprache.
Das Gefühl,
es ständig mit Wahnsinnigen zu tun zu haben,
verstärkt sich immer mehr,
und meine eigene Geistesgestörtheit
macht rapide Fortschritte.
Ich beobachte mich dabei,
dass ich stundenlang und unermüdlich
über eine ganz belanglose Randbemerkung
oder Darstellung im Text eines Buches nachdenke,
mich die ganze Nacht lang
auf eine brennende Kerze konzentriere,
ganze Tage lang
von dem Duft einer bestimmten Kakteenart träume
oder
monoton in einem Gespräch
irgendein Wort so lange wiederhole,
bis der Klang
infolge der ewigen Wiederkehr
jeden Sinn für mich verloren hat.
Das sind einige der häufigsten
und harmlosesten Erscheinungen,
denen mein krankhaft gestörter Geist unterworfen ist.
Und wenn ich jetzt nicht gehe,
ist es bald zu spät.

Grosser Gott, was ist aus mir geworden!
Welches Recht habt ihr Menschen, mein Leben in Unordnung
zu bringen, meine Zeit zu stehlen, in meine Seele einzudringen,
euch von meinen Gedanken zu nähren, mich zu eurem
    Gesellschafter,
Vertrauten und Auskunftsbüro zu machen?
Wofür haltet ihr mich?
Wenn ich in einem Augenblick der Not Dampf ablasse, ein
bisschen zu Worten abgekühlte, rotglühende Wut, einen in Bildern
verpackten leidenschaftlichen Traum, gut, dann nehmt es hin
oder lehnt es ab, aber lasst mich in Ruhe.
Ich bin ein freier Mensch,
ich brauche meine Freiheit,
ich muss allein sein,
ich muss über meine Verzweiflung in Zurückgezogenheit
    nachgrübeln.
Ich brauche die Sonne ohne Unterhaltung, nur die Musik meines
    Herzens.
Wenn ich etwas zu geben habe, gebe ich.
Euer Tee vergiftet mich.
Ich schulde niemandem etwas, ich wäre nur Gott verantwortlich,
wenn er existierte.
Ich habe gelernt, was jeder Verrückte früher oder später
entdeckt:
dass es für die Verdammten keine gebrauchsfertige Hölle gibt.
Wir kamen in einem Totentanz zusammen, und so rasch wurde ich
in den Strudel hinuntergerissen, dass ich, als ich wieder an
die Oberfläche kam, die Welt nicht wiedererkannte.
Als ich mich frei fand, hatte die Musik aufgehört, der Karneval
war zu Ende, und ich stand da, von allem beraubt,
kein Ausweg ausser dem Tod,
eine Sackgasse, an deren Ende das Schafott steht.

Wir trafen uns bei einem Totentanz
und wurden in die Hölle hinuntergerissen.
Endlich stand ich nicht mehr an den Rändern,
am Ufer,
so fern.
Die Musik hatte aufgehört.
Das Fest war zu Ende,
als ich mich wiederfand.

Für Verrückte gibt es keinen Instanthimmel,
keinen Ausweg,
nur
ein wenig zu Worten
abgekühlte
ROTGLÜHENDE WUT

Es sieht so aus,
als ob mich dieser Schmerz nie mehr verlässt;
mit der Zeit hilft mir auch die Droge nicht mehr,
ich werde abhängig.
Der Schwindel,
die Hitze,
die Halluzinationen
sind nicht Grund genug,
um diese Mittel zu nehmen.
Ich spüre es schon,
alle Wirkungen setzen ein,
nur der Schmerz lässt nicht nach,
werde müde,
kann kaum noch denken
geschweige denn schreiben,
lalle mühsam diese Worte auf ein Band,
alles ist wirr,
weg.
Ohnmächtig versuche ich, mich gegen diese Müdigkeit
und den immer stärker werdenden Schmerz zu wehren,
der mich auf meinem Bett schüttelt,
schreie nach Hilfe –
wer könnte mir helfen?
Das Telefonklingeln fährt mir wie ein Säbel
durch den Schädel.
Am andern Ende der Leitung
mein Vater:
Wie geht es dir denn, mein Kind?
Die ewig gleiche Sprache,
die ewig gleiche Frage,
die erstickte Antwort:
Es geht mir gut, ich brauche nichts.
Das Auflegen des Hörers,

der Schrei, den ich jetzt ausstossen darf,
jetzt, wo niemand ihn hört,
seit Jahren die gleiche Frage, die man an mich richtet
ES GEHT MIR GUT
ICH BRAUCHE NICHTS

Deutsche Nationalhymne

Deutschland, Deutschland unter anderm,
unter anderm in der Welt,
weil es stets für Krieg und Terror
brüderlich zusammenhält.
Von Verrat bis zur Ermordung,
von dem Grenzschutz bis zum Geld:
Deutschland, Deutschland unter anderm,
unter anderm in der Welt.

Deutsche Frauen, deutsche Treue,
deutscher Wein und deutscher Sang
sollen in der Welt behalten
Beigeschmack und schlechten Klang.

Einigkeit und Recht und Freiheit
für das deutsche Vaterland
klingt wie Hohn in unsern Ohren,
denn das hat es nie gekannt.
Einigkeit und Recht und Freiheit
klingt wie bittre Ironie:
keiner hat sie je genossen –
geht nur weiter in die Knie!

Als ich heute aus dem Café kam
und mir so das Strassenbild betrachtete,
konnte ich des Eindruckes nicht Herr werden,
dass hier jemand einen unheimlichen Mist gebaut hat,
und gestern Abend
bei der linken Sitzung,
da habe ich mir sagen müssen,
wenn die da links sind
– und das sind sie OFFIZIELL –
dann weiss ich ehrlich nicht mehr,
auf welche Seite ich mich stellen soll.
Am besten ist natürlich abhauen,
denn bei diesen Weltverbesserern,
die sich anarchistisch vorkommen,
weit mehr aber anachronistisch wirken,
komme ich echt nicht mehr mit.
Tut mir leid, Leute,
ihr habt keinen Power,
und ich sitze hier,
mache euch runter.
Trotzdem fällt mir nicht mehr ein,
als einen Text zu machen,
statt wirklich mal loszulegen.

Ich könnte einiges erzählen
über diese graue Katze
und darüber,
wie sie die Flucht ergriff,
als ich sie in rasender Fahrt
zu überrollen versuchte;
beobachtete diese Mörderin,
als sie,
wie eine Rose im Zwielicht,
die,
wenn sie sich öffnet,
einen Vogel im Blütenkelch birgt,
wie einen Mund, der sich auftut
und einen sehr grossen grauen Vogel freigibt,
die Flügel nach unten geknickt,
wie zerbrochene Liebe,
die Krallen nach innen verkrampft.
Er lebt noch,
aber er ist sehr schwach,
nicht mehr bei Kräften,
der zerbrochene Liebesvogel.
Die Katze geht mir durch den Kopf,
aber ich kann ihn nicht mehr retten.
Das Telefon klingelt,
ich antworte einer Stimme,
aber immer immer wieder sehe ich ihn vor mir
und die verlorenen Flügel –
ist das die Welt?
SIND DAS WIR?
ich lege den Hörer auf die Gabel,
die Katze durchstreift langsam den Raum
und springt auf meine Beine.
Ich schaudere,
aber man hat schon Räume eingerichtet

für Menschen, die schaudern.
Und die Katze geht,
und die Katze geht die ganze Zeit hindurch,
durchdringt Haut und Fleisch und Knochen
bis ins Mark.

Habe traurige Trips verloren,
und es hat aufgehört,
in mir zu lachen.
Nur finde ich den Weg in die Verzweiflung nicht,
und diese Einsamkeit
will mich nicht mehr verlassen.
Es hat Momente gegeben,
wo es keinen Moment mehr gab
und die Zeit
keinen Richter mehr gefunden hat
und die Sonne
ihren Tanz beendet hat,
weil die Lieder
ihre Melodien vergassen,
und die Frauen
trugen weisse Gewänder.

WAS DA PASSIERT IST?

Da ist einer aufgestanden
und hat gesagt:
Ich sehe meine Augen nicht mehr.

Und wir sahen ihn an,
und wir sahen in weitaufgerissenen Höhlen
die Sonne tanzen
und Kinder im Wasser spielen.
Wir sagten ihm nichts
von alldem,
aber wir behielten ihn für immer in unserer Mitte.

Das hier soll unser Spiel- und Richtplatz sein,
wo man Schuldige verurteilt
und das Urteil an ihnen vollstreckt,
mit tierhaften und pflanzenhaften Instinkten.
Warum verstummen die Kinder
mit unscheinbarer Sanftheit,
sobald ein Erwachsener sich ihnen nähert?
Welche SCHRECKEN
welche MARTERN
welche MENSCHENOPFER
Achatmurmeln von seiten der Gefangenen,
ein Schauer der Ahnung durchfährt uns,
der Platz gleitet um Jahrhunderte zurück,
und die düsteren Winkel
hüten schon ihre Toten.
Rechts auf dem Bürgersteig
werden mutmassliche Polizisten verhört.

Mit der Verzweiflung,
die man nur mit 18 haben kann,
beschloss sie ihren Tod
in Form eines Unfalls,
rechts neben ihr auf dem Sitz
ein Tonband,
das gerade „but I mean Jazz" brüllte,
als sie die Heidelberger Landstrasse hinunterraste,
schneller, als je ein Mensch auf dieser Strasse gefahren ist,
sah den sternenübersäten Himmel,
hörte den Fahrtwind in den Ohren brausen,
während ihr Geschoss
sie der tödlichen Kurve immer näher brachte.
Dann hörte sie nichts mehr,
sie lag auf dem warmen Asphalt
und merkte,
dass ihr Herz
immer noch schlug,
und sie meinte,
es müsste doch jetzt ein Film ablaufen.
Aber sie hörte nur ihr Herz,
wie es immer noch schlug,
und dann brach sie aus ihrem Körper heraus,
der dalag
wie eine leere Nussschale.

Ich bin auf der Flucht mit dir,
und ich glaube,
für heute werden wir es schaffen.
Wir kommen an Städten vorbei,
in denen die Seelen
der verlorenen Menschen leben.
Ich verkaufe meinen Ring
für einen Platz zum Schlafen
und ein paar Bissen zum Essen.
Sie sind uns noch immer auf den Fersen,
halte mich fest und liebe mich,
jeder Tag kann der letzte sein.
Wir haben einen getötet
DER NICHT LEBEN DURFTE
Ich weiss nicht, was mich überkam,
die Waffe lag plötzlich in meiner Hand,
und alles ging so schnell.
Ich möchte mit dir durch die Wüste reiten,
der Sonne entgegen,
aber schon sind sie wieder da,
wir hören in unserem Versteck
das Geräusch zufallender Autotüren,
ganz nah rücke ich zu dir,
wir haben beide die Knie ans Kinn gezogen,
krampfhaft den Finger am Abzug,
Schritte kommen näher,
eine Armee,
der Stiefelschritt der Ordnung.
Wir sehen uns an,
ich falle in deine Augen,
sie werden uns nicht foltern,
langsam führe ich die Waffe an meine Schläfe,
ich höre einen Schuss
und weiss,
ich muss dir jetzt folgen.
Die Tür öffnet sich,

ich sehe grüne Uniformen,
dann drücke ich ab.
Umschlungen liegen unsere Körper im roten Stroh,
unsere Gehirnmassen fliessen graurosa ineinander –
wir sind ihnen entkommen.

Ich habe die Künste perfektioniert
unter dem Zeichen des Tausendfüsslers,
ein gefangener Kopf in dem Salon der Fleischtransplantation,
lebende Wachsfiguren,
Kurzzeitgespenst,
sah, wie der weisse Käfersaft aus zerbrochenen Wirbeln spritzte
in den Sexzimmern, während man wartet,
die Sexapparaturen aus Fleisch.

Dies ist ein Ausrottungskrieg,
kämpft Zelle für Zelle durch die Körper- und Gehirnschirme der
    Erde.
Ihr Seelen, die euch Orgasmusdrogen verfaulen liessen,
Fleisch, das zurückschauderte.
Gefangene der Erde, befreit euch,
Es ist Agonie, zu atmen.

Ihr werdet mich in den dunklen, meuternden Spiegeln
der Welt erkennen.

Ich werde die Mystik unterminieren
im Namen des Teufels,
lebende Wachsfiguren
in einer Wattebauschgesellschaft,
gefangene Seelen
in der City,
Sexroboter als Fleischgespenster,
meine Revolution,
beobachte Gehirn und Körper.

Gefangene der Erde, befreit euch!
Die Toten sind am Ende gestorben
am Tod –
übt den Ausrottungskrieg in der Agonie!
Durchsichtige Phosphorkäfer
steigen über mich hinweg
mit klebrigem Geruch,
während ich warte.
Ihr könnt mich im Finstern erkennen,
wenn mein meuternder Astralkörper
im Raum steht.

Es hat sicher eine Zeit gegeben,
in der die Sonne auf deinen Körper gebrannt hat
in einer Stadt,
in der die Einsamkeit dich nie verlassen hat.
Und du hattest damals schon
lange nicht mehr an das Märchen gedacht,
das man dir als Kind erzählte,
das Märchen,
in dem zwei Menschen
plötzlich zu einem wurden.
Du wusstest nicht, was du tun solltest,
als die Vision dieser Erzählung
sich in dein Gedächtnis drängte.
Und was hast du getan?
Du hast für ein goldenes Kettchen gespart.

Und es hat sicher eine Zeit gegeben,
als dein Kopf das Kissen berührte
und du zu müde warst,
um über deine Einsamkeit nachzudenken.
Es hat keinen Sinn,
zu weinen
um die Sterne am Himmel,
um diese Stadt,
in der du nicht existiertest.
Und was hast du getan?
Du hast dir ein goldenes Kettchen gekauft.

Und es hat sicher eine Zeit gegeben,
als die Dunkelheit vorüber war
und die Lichter der Stadt verlöschten
und deine Augen blind wurden
und nicht sahen,

dass du einsam bist.
Und du wusstest nicht, was du tun solltest
in dieser tiefen Dunkelheit.
Und was hast du getan?
Du hast dich an deinem goldenen Kettchen erhängt.

Meiner Liebe zu euch
geht Kenntnis voraus.
Es ist ein unbestimmtes Leiden,
eine irrsinnige Qual,
gegen die es kein Medikament gibt,
eine optische Begierde,
geschlechtslos,
absichtslos.
Ich sehe das Fragment
eines blassen Gesichts mit aufgerissenem Mund,
einen Finger,
der auf ein bestimmtes Ziel deutet,
meine einzige Angst ist nur,
dass ihr der Ansicht seid,
dass eure Verantwortlichkeit gedeckt ist.
Es ist mir,
als ob meine Schwäche zu Stein wird,
Gestirne gleiten vorüber,
und am liebsten würde ich sagen:
Ich habe euch satt!
Aber trotzdem
eile ich wirr eurer Schönheit entgegen.

Wir alle kennen Janis Joplin
und wissen,
was aus ihr geworden ist.
Die Geschichte kennen wir,
und auch die Story von den andern,
die ihr vorangegangen
oder ihr gefolgt sind,
gute Leute, gute LPs und gute Bücher.
Ein Trost für uns:
Die,
die uns aufklären
und antörnen,
sterben nicht aus.
Die,
die ihren Wahnsinn hinausschreien
oder aufschreiben,
wird es immer geben,
und wir rätseln an der grossen Frage:
Wem werden sie jetzt den Hahn abdrehen,
die Feder aus der Hand reissen
oder das Maul stopfen?
All das erweckt den Gedanken an Mord
oder Selbstmord in uns.
Wir fallen in einen grossen schwarzen Raum,
tiefer, tiefer und tiefer.
Was nützen uns Tränen
oder Reue
oder Schmerz
oder Leid?
Wir stürzen in den Abgrund,
in den einst der Teufel gestürzt wurde,
auch wenn wir früher
immer unsere Teller leergegessen haben,
weil man uns den Himmel dafür versprach.

Kleine Sonnen sind vertropft,
im Sand zerronnen.
Ich seh dich an,
die Erde rollt vorbei.
Wer noch Zeit hat,
der weiss es noch nicht,
und mit jedem Mal
reift grösser und gewisser
die Angst.
Und du selbst bist ein verirrter Müder,
die zerrissene Luft,
der Schrei,
der Pulvergestank,
Glanz aus vernarbten Wunden,
Wimpern blutrot lang,
unter wimmelnden Himmeln,
die Sonne brüllt.
Lachen,
Geschrei,
Erde und Blutgeschmack,
untröstlich steht das schonungslose Plakat
an der schiefen Litfassäule.
Ich rede runde Sätze,
ohne zu begreifen,
dass ich schon ausgesiebt bin,
dass ich schon längst das WELTRAUM
CHLOROFORMEIS GEGESSEN HABE

Hört zu,
wenn man euch genauso kaputtmacht
wie mich.
Ich kann aus dem,
was man aus mir gemacht hat,
nichts machen.
Und hört genau zu,
auch meinem Zittern,
und vor allem hört die Dinge,
die ich nicht aussprechen darf,
und seht mich an mit einem Blick,
der die leise Musik
im Hintergrund hört,
und achtet nicht
auf die Gummiknüppel,
mit denen die da draussen versuchen,
die Tür einzuschlagen.
Wir sind hier sicher vor ihnen,
solange ihr bleibt,
und die Augen aufmacht
und kämpft.

Schlaf, Kindchen, schlaf
Kinderlied

Schlaf, Kindchen, schlaf,
sei immer ruhig und brav!
Und mal nicht mit der linken Hand
Hakenkreuze in den Sand!
Nimm immer schön die rechte Hand,
die wahre und die echte Hand!
Schlaf Kindchen, schlaf!

Schlaf, Kindchen, schlaf!
Ich sag dir, was man darf:
Am besten bleibst du ewig still,
auch wenn das Hirn was sagen will.
Stopf Worte in den Hals zurück,
sonst findest du niemals dein Glück.
Schlaf, Kindchen, schlaf!

Schlaf, Kindchen, schlaf!
Bleib immer hier im Kaff
und geh nicht in die weite Welt,
da siehst du nichts, was dir gefällt,
da siehst du nur der andern Hunger
und machst dir darum auch noch Kummer.
Schlaf Kindchen, schlaf!

Grobknochige Hände haben in meiner
Cold-cream-Seele gewühlt.
Aus einem Robotermund hörte ich
entfernte, beruhigende Worte,
sie konnten den Schmerz
und den Schrei nicht lindern.
Der Ruf nach meiner Mutter,
das Verlangen nach meinem Geliebten
wurde wegberuhigt,
die Bitte, mich zu töten,
überhört.
Stellt eure Höllenmaschinen ab,
die mich am Leben halten sollen!
Was erwartet ihr jetzt von diesem Krüppel,
den ihr gerettet habt?
Wenn keinen Terror,
wenn ich euch auch nicht alle vernichten kann,
so doch den Teil der mich zu diesem weiteren
irdischen Dasein verdammt hat.
Meine Rache wird euch das Leben kosten,
das ihr mir nicht genommen habt.

Nach einem kurzen Aufenthalt
im Land der Wunder
begegnet mir jetzt eine verwirrende Atmosphäre.
Ihr habt mich nun jahrelang bezaubert,
verhätschelt,
ruiniert
und schliesslich verlassen.
Der Mann,
der sich geweigert hatte, mit mir zu leben,
stirbt nun bei mir.
Ich bin es so gewohnt,
dass immer wieder Wunder geschehen,
ohne dass ich sie als Überraschung hinnehme.
Ich erwarte sie geradezu,
und immer treten sie ein.
Aber manchmal
vernimmt mein Ohr einen Aufruhr,
eine Abwehr
gegen eine sich öffnende Schleuse,
eine reissende Überschwemmung,
die den versteinerten Schrei löst.
Der animalische Instinkt
beherrscht mich.
Und man kennt ja die Ironie
der Tiere
gegenüber ihren Erzeugern.

Ich lebe in einem alten Haus,
in dem nichts nach Sieg schreit,
lese Geschichten,
in denen von Blumen nur selten die Rede ist,
manchmal schlägt draussen eine Uhr
und manchmal
ist meine Sonne wie ein Tank mit Feuer.
Ich frage nicht
nach deinen Armen
oder
deinen Küssen
oder
deinem Tod.
Ich habe mich selbst,
meine Hände haben Arme,
meine Arme haben Schultern.
Meine Schultern haben mich.
Ich habe mich.
Du hast mich, wenn du mich sehen kannst.
Aber ich will nicht, dass du mich siehst.
Ich will nicht, dass du siehst,
dass ich Augen in meinem Kopf habe
und laufen kann,
und
ich will nicht deine Fragen beantworten,
ich will mich nicht mit dir amüsieren,
ich will nicht dass du dich mit mir amüsierst
oder mich krank machst,
oder über irgendetwas redest.
Ich will dich nicht lieben,
ich will dich nicht schützen,
ich will nicht deine Arme,
ich will nicht deine Schultern.
Ich habe mich,
du hast dich.
Lass es dabei.

Ich trank die ganze Nacht hindurch,
die Nacht vom 2. auf den 3. Juni, und ich dachte an ihn:
die Art, wie er ging und sprach und liebte,
die Art, wie er Dinge sagte, die wahr zu sein schienen,
aber es nicht waren,
und ich kannte die Farbe jedes seiner Kleidungsstücke
und seiner Schuhe, und ich kannte die Art,
wie er sich zur Seite legte,
und ich war wieder weg, als er nach Hause kam,
und ich wusste, dass er meinen Geruch nicht ertragen würde,
wenn ich nach Hause komme.
Ich kam am 3. Juni nach Hause mit dem Geruch,
den er nicht ertragen konnte,
er nahm das Fleischermesser und ich schrie,
ging zurück bis zur letzten Wand,
irgendwo in der Nachbarschaft hörte ich das Stöhnen
von zwei, die sich liebten.
Er leerte sein Glas Wein und starrte mich an,
ich trug das weisse Kleid, sein Lieblingskleid,
und ich schrie wieder, und er nahm das Messer.
Er zog seinen Gürtel aus, und der Raum färbte sich rot,
und ich schrie weiter und weiter
MEIN GOTT WAS HABE ICH GETAN

Es blieben mir heute grosse,
teigige Worte am Gaumen kleben,
unzweifelhafte Zweifel, Verzweiflung,
rechts
neben mir Unbeholfenheit,
links
Schweigen,
weiter weg
Besserwissen,
die Gastgeberin
dekorativ und sicher nicht dumm,
nur angepasst,
ihr Mann
verliebt,
gegenüber
lärmender Schwachsinn,
im grossen ganzen
ZEITVERLUST

Eine Wolke beginnt die Sonne zu verdunkeln,
ganz langsam, ganz grau, weit.
Soll wohl regnen.
Wie im Himmel also auch auf Erden.
Nein, so nicht. Ein unfruchtbares Land, öde Wüste.
Vulkanischer See. Das tote Meer.
Keine Meerpflanzen. Tief in die Erde gesunken – Sodom.
Alles alte Namen, alles tote Namen,
ein totes Meer in einem toten Land.
Trostlosigkeit.
Bäcker Nil's Schaufenster mit den unverkauften Torten.
Eine Nonne soll den Stacheldraht erfunden haben.

Hoch aus der Erde hervorragend Gomera,
vulkanischer See,
alte Namen,
keine Meerpflanzen,
toter Strand vor einem toten Meer,
kein Schnee.
Wie im Himmel,
also auch auf Erden.
Tief in die Vergangenheit gesunken.
Bäcker Nil's Schaufenster
mit den unverkauften Torten.
Eine Nonne soll den Stacheldraht erfunden haben.

Kinderlied vom bucklig Männlein

Will ich in mein Gärtlein gehn,
will die Zwiebeln giessen,
stehen Polizisten da,
fangen an zu schiessen.

Will ich in die Küche gehn,
will mein Süpplein kochen,
kommen Polizisten rein,
zerschlagen mir die Knochen.

Will ich in mein Stüblein gehn,
will mein Müslein essen,
stehen Polizisten da,
polieren mir die Fresse.

Geh ich in mein Kämmerlein,
will mein Bettchen machen,
stehen Polizisten da,
um mich zu überwachen.

Wenn ich an mein Bänklein knie,
will ein bisschen beten,
stehen Polizisten da,
um mich zu zertreten.

Müde bin ich, geh zur Ruh

Müde bin ich, geh zur Ruh,
schliesse meine Augen zu.
Hab zu viel gekämpft, gerungen,
hab den Feind doch nicht bezwungen.

Hab ich Unrecht heut getan,
so nur, weil ich nicht anders kann.
Hört mir doch nur einmal zu,
wenn ihr's versteht, dann geb ich Ruh.

Allen, die mir sind verwandt
in Gesinnung und Verstand,
danke ich zum letzten Mal,
allen Genossen hier im Saal.

Kranken Herzen sendet Ruh,
ich bin jetzt zu schwach dazu.
Versteht nur, dass ich gehen muss,
einmal ist für jeden Schluss.

Es ist ein Ros entsprungen
Weihnachtslied

Es ist ein Typ entsprungen
aus einer Strafanstalt,
jetzt suchen sie den Jungen
auf einem Fahndungsblatt.
Er sitzt nur da und lacht,
mitten im kalten Winter,
wohl zu der halben Nacht.

Der Junge, den ich meine,
davon die Zeitung schreibt,
hat es geschafft alleine,
er hat es euch gezeigt.
Jetzt sucht ihr ihn wie wild.
Er aber sucht euch nirgends,
ihr habt ihn fast gekillt.

Ich erinnere mich an Pferde unter dem Mond,
und ich erinnere mich, diese Pferde mit Zucker
gefüttert zu haben,
Zuckerstückchen, weisser als Eis,
und sie hatten riesige Köpfe mit riesigen Mäulern
und enormen Zähnen, die zubeissen können,
und sie taten es nicht.
Diese Pferde waren wirklicher als mein Vater,
wirklicher als Gott,
und sie hätten mich zertrampeln können
mit ihren Hufen – aber sie taten es nicht.
Und sie hätten mich alle Arten von Schrecken lehren können –
aber sie taten es nicht.
Ich war erst fünf,
aber ich habe nie vergessen können,
wie diese roten Zungen
TIEF AUS IHRER SEELE KAMEN

Er ist durch graugestreifte Länder gegangen,
hat in blauen, gelben, grünen, roten Strassenbahnen
die kaputten Menschen gesehen,
und jedesmal, wenn er sich traf,
genau in der Mitte,
fühlte er,
wie das Leben ihn durchströmte,
so dass jeder raunend Platz machte, wenn
er einen Raum betrat,
und argwöhnisch
den hellen Glanz sah,
der ihn umgab.
Er war zerrissen, zerlumpt,
und wild hing der Dschungel in seinen Augen.
Ich sah ihn nur kurz,
aber wie hat er mein Leben verändert.

Vierhundertzwanzig Tage,
und du weisst mehr als ich.
Sie haben lange an deinem Blut gezehrt,
bis du nur noch ein trockenes Stück Holz
in einem Korb warst,
so funktioniert das eben.
In diesem Raum werfen die Stunden der Liebe nur noch Schatten,
und als du gegangen bist,
hast du alles mit dir genommen.
Ich erwarte angstvoll die Nächte,
in denen die Tiger wiederkommen,
die mich nicht in Ruhe lassen.
Was du gewesen bist, wird nicht mehr sein,
wird nie mehr geschehen,
und nun haben mich die Tiger gefunden,
gerade in dem Moment, wo ich an dich dachte
UND NICHT AUFGEPASST HABE

Gerüche wie Chloroform und Kirmes,
Gedanken wie Seiltänzer,
bereits gedachte Gedanken –
alles, was ich tue, ist bereits getan.
Gerichte,
die mich zu lebenslänglich verurteilen,
lebenslänglich leben,
wo es doch nichts mehr zu denken und zu tun gibt.
Sie schrauben mich an einen eisernen Pfahl,
ziehen knirschend Schrauben an
auf dem Pranger, wo man mich mit Peitschenhieben
und brennenden Essenzen foltert.
Man fragt mich etwas,
man fragt und ich kann nicht antworten,
ich kann nichts sagen,
weil ich geknebelt bin
und bereits alles gesagt ist,
und nichts tun,
weil ich gefesselt bin
und bereits alles getan ist,
und ihr könnt mir nicht helfen,
weil alles für mich zu spät kommt.
Wir haben das Menschenmögliche für dich getan,
sagen sie.
Sie haben alles getan,
alles, um mein Leben und Sterben zu verhindern.
Stunden ziehen vorbei wie Fliederbäume in der Provence,
und die Angst ist wie eine SCHWARZE SONNE
DIE HELLE SCHATTEN WIRFT

Ich durchquere den Raum bis
zur letzten Wand,
zum letzten Fenster,
zur letzten rosa Sonne,
die mit ihren Armen die Welt umfängt,
die mit ihren Armen mich umfängt.
Ich höre das Todesgeflüster des Reihers,
seine knochigen Gedanken an die See.
Es sind beinahe Steine, diese Gedanken.
Das Licht stürzt ein wie eine Seele,
kitzlig, mit Flügeln.
Meine Spannung und Verdammnis
sind die eines Schweines.
Rosa Sonne, rosa Sonne,
ich hasse deine Helligkeit
und krieche durch dein vergoldetes Leben,
bis meine Finger und Füsse und mein Gesicht
zu diesem Schlafenden gelangen
DU MUSST EINES TAGES FÜR NICHTS STERBEN
SO WIE ICH FÜR NICHTS GELEBT HABE

Es ist der Mensch, den du noch nie gesehen hast,
wo immer du auch hingegangen bist,
der eine, der irgendwann einmal ankommen wird.
Er ist nicht draussen auf der Strasse oder in den Gebäuden
oder in den Stadions,
oder wenn er hier ist,
habe ich ihn trotzdem irgendwie vermisst.
Er ist keiner von unseren Präsidenten
oder Staatsmännern oder Künstlern.
Ich bin gespannt auf ihn, wenn er kommt.
Ich laufe die Strasse hinunter, vorbei an Läden
und Krankenhäusern und Theatern und Cafés,
aber es würde mich verwundern, wenn er da wäre.
Ich habe fast die halbe Stadt abgegrast,
aber er hat sich nicht sehen lassen,
ein lebendiger Mensch, wahrhaftig lebendig.
Und wenn seine Hand nach dem Anzünden einer Zigarette
    niedersinkt,
siehst du seine Augen wie die Augen eines Tigers,
der in den Wind starrt,
aber wenn seine Hand hinuntersinkt,
ist es immer das andere Auge, das dabei war,
und nachher wird es zu spät für mich sein,
und ich werde ein Leben gelebt haben mit
Läden, Katzen, Speichel, Platten, Zeitungen, Männern, Türen
und anderen Absurditäten,
aber nirgends
ein lebender Mensch.

Traurige Trips

Bleib in der Reihe, mach keine Extratouren, die Leute
fürchten sich vor einem, der aus der
Reihe tanzt. Sie kommen sich
dämlich vor, weil sie in der Reihe bleiben.
Möglicherweise kommen sie sogar auf den Gedanken,
dass sie in der falschen Reihe sind.
Geh nicht zu schnell und geh nicht über die rote Linie!
Wenn du dich in irgendeiner Richtung zu weit entfernst,
verlieren sie dich aus den Augen. Sie werden sich bedroht
fühlen, weil sie glauben, dass ihnen etwas entgeht
und dass man sie davon ausschliesst.
Sie werden das Gefühl haben, dass dahinten etwas vorgeht,
von dem sie nichts wissen. Dafür werden sie sich rächen.
Sie werden überlegen, wie sie dich loswerden können.
Sei höflich zu ihnen! Wenn du es nicht bist, werden sie
beleidigt sein. Wenn du in direkten Kontakt mit ihnen
kommst, mach kein Geheimnis daraus, wie sehr du sie brauchst!
Wenn sie spüren, dass du sie nicht brauchst,
werden sie sofort versuchen, dir zu beweisen,
wie sehr du sie brauchst. Wenn das nicht klappt,
werden sie dir zu verstehen geben, dass sie dich
überhaupt nicht brauchen. Wenn du dich daraufhin nicht
bekümmert zeigst, wird man anfangen, deinen Namen zu
    erwähnen.

Existenzentwurf

Ich fühle mich nirgends geborgen,
weder in meiner Familie
noch in meinem Körper (hier empfinde ich die Nichtexistenz),
noch in der Gesellschaft,
die mich umbringt.
Drastisch zugespitzt, kreist mein Denken
um das Fleisch,
um den Körper,
der wach bleiben muss,
um gegen Angriffe gefeit zu sein;
um den Körper,
der eine Fehlkonstruktion ist
und erst erschaffen, neu aufgebaut werden muss;
um den Geist, der sich verflüchtigt;
um eine Seele, von der man nur ihre Abwesenheit empfindet;
um das ungewollte Existent-Sein,
das ich erst mein eigen nennen kann durch meinen Tod;
um eine Gesellschaft, die sich gegen jede Abweichung verschwört,
die die Genies dieser Welt mundtot gemacht
oder erdrosselt hat;
um die Richtung des Denkens,
die sich durch den Ansturm des Schmerzes,
dem Willen und der Kontrolle entzieht;
um eine Sprache,
die der Aufschrei des Lebens selbst ist.

Merkwürdigerweise habt ihr es so einrichten können,
dass ich mich nirgends fühle,
nicht in meiner Familie,
die versucht,
aus mir ein Mitglied der Gesellschaft zu machen,
auch nicht in diesem Körper,
in dem ich meine Nichtexistenz empfinde,
noch weniger in meiner Umwelt,
die mich umbringt.
Unentwegt denke ich
an meine Körperlichkeit,
an diesen Rumpf,
der nicht schlafen darf,
weil die andern wach sind;
an diese Hülle,
die ich abstreifen möchte,
die entstellt ist;
an das Denken,
das verdampft;
an ein Gefühl,
von dem ich nur seine Abwesenheit empfinde;
an das ungewollte Sein,
an die Menschheit,
die sich gegen jedes Anderssein wehrt,
die unsere kreativen Lieblinge
körperlich oder geistig am Rad zerbrochen hat;
an die Art des Seins,
die schmerzhaft verkrümmt
unkontrollierbar wird;
an eine Sackgasse,
an deren Ende das Schafott steht.

Ich wollte dir nicht den Rang ablaufen,
deine Kleider zerraufen, den Schneid abkaufen,
dich simplifizieren oder klassifizieren,
dich hinters Licht oder aufs Glatteis führen,
mir ging's nur um eins.
Nein, und ich wollte keinen Streit mit dir kriegen,
dich betrügen oder belügen,
dich verraten oder verbraten,
dich verladen oder dir schaden,
mir ging's nur um eins.
Ich wollte dich nicht blockieren,
drangsalieren oder schockieren,
analysieren, kategorisieren
kurz verführen, abservieren,
mir ging's nur um eins.
Ich möchte dir keinen Stunk machen,
dich wegen dummer Sachen runtermachen
oder beschämen oder vergrämen
und hämisch deine Fehler erwähnen,
mir ging's nur um eins.
Ich wollte nicht deine Verwandtschaft sehn,
dir den Kopf verdrehn, dich ausflippen sehn,
dich sezieren, examinieren,
inspizieren und dann reklamieren,
mir ging's nur um eins.
Ich wollte dir nicht die Tour vermasseln,
dich vernaschen und sitzen lassen,
mir geht's nicht drum, dass du fühlst wie ich,
siehst wie ich oder bist wie ich.
Ich wollte nur eins.

Also wenigstens, endlich
hat sich der Himmel für mich
angenehm grau verhangen.
Das bedeutet Regen,
oder es bedeutet Schnee,
es bedeutet immer eine Veränderung,
aber eine Veränderung, die sich ankündigt.
Entweder die Wolken lichten sich
oder Gewitter zieht herauf,
und danach kehrt die Sehnsucht
zurück
und trägt mich mit sich
zurück,
niemals drohend,
endlich getreu.
Sie wird mich sicher geleiten
über alle Brücken,
durch alle Tunnels
und mich nie im Stich lassen.
Die Klänge von Villon
hallen durch meine verrückten Strassen,
während ich über Zigarren stolpere,
die Wondratschek verloren hat,
und über die leeren Bierdosen
von Charles Bukowski.
Die Rockvisionen von Lindenberg
streicheln meine Sinne,
ziehen sie hinab,
überfluten und ertränken mich,
wenn mir nach Ertrinken zumute ist,
denn meine Strasse ist gesegnet
mit vielen Blumen,
und die Melodien der Blumen
sind die verlorenen Stimmen der Menschen.
Sie steigen auf,
höher und höher,

alle Menschen,
gleichgültig welche,
denn alle lachen und weinen
endlos, endlos.
Alles ist endlos,
und alles sind Lieder,
nichts als eine einzige grosse Welt von Liedern,
und sie sind für jeden da,
wenn er sie nur zum Leben erweckt.
Einsam? Ah ja,
aber die Blumen und ihre Spiegel-
bilder vereinen sich jetzt mit meiner
Einsamkeit,
und ich werde stark sein in meiner Einsamkeit,
sie wird mich durchdringen
bis in die tiefsten Tiefen meiner Freiheit.

Wenn sich wenigstens der Himmel einmal lichtet,
obgleich sich hier auf dieser Kugel
nichts verändert,
wenn du wahrhaftig du wirst
und damit unweigerlich den Wunsch verspürst,
dich zu wehren,
dann wirst du einige finden,
die diesen Weg mit dir gehen.
Die Klänge einer Gitarre
hallen durch deine verrückten Strassen,
während du über Zigarren stolperst,
die Wondratschek verloren hat,
und über die leeren Bierdosen
von Charles Bukowski.
Die Rockvisionen von Meat Loaf
erwecken euch zum Leben
und machen euch stark
in eurer Einsamkeit.
Haltet durch,
ihr schafft es.

Bleib immer bei der Masse
und passe dich an
und mach dir nicht die Illusion,
für die Klasse kämpfen zu müssen.
Sie haben es nicht gern,
wenn du aus der Menge hervortrittst.
Du wirst nie für das Vaterland sterben.
Gib ihnen nicht das Gefühl,
du könntest sie für dumm halten,
und vergiss die Freiheit der Person.
Lauf nicht zu schnell
und überquere die Strasse nur beim Zebrastreifen
und denke nicht an das Proletariat,
und was man alles tun könnte.
Pass auf, dass sie dich nicht aus den Augen verlieren,
dann fühlen sie sich bedroht.
Du kannst die Nation nicht auf deine
Schultern nehmen,
da sind die andern,
und die sind stärker.
Sie werden zuerst deinen Körper fesseln,
dann deinen Geist verwirren
und dich schliesslich
langsam ermorden.

Vera Piller in der Wetzikoner Kulturfabrik, zur Zeit der „Kinderlieder"
(1979/1980)

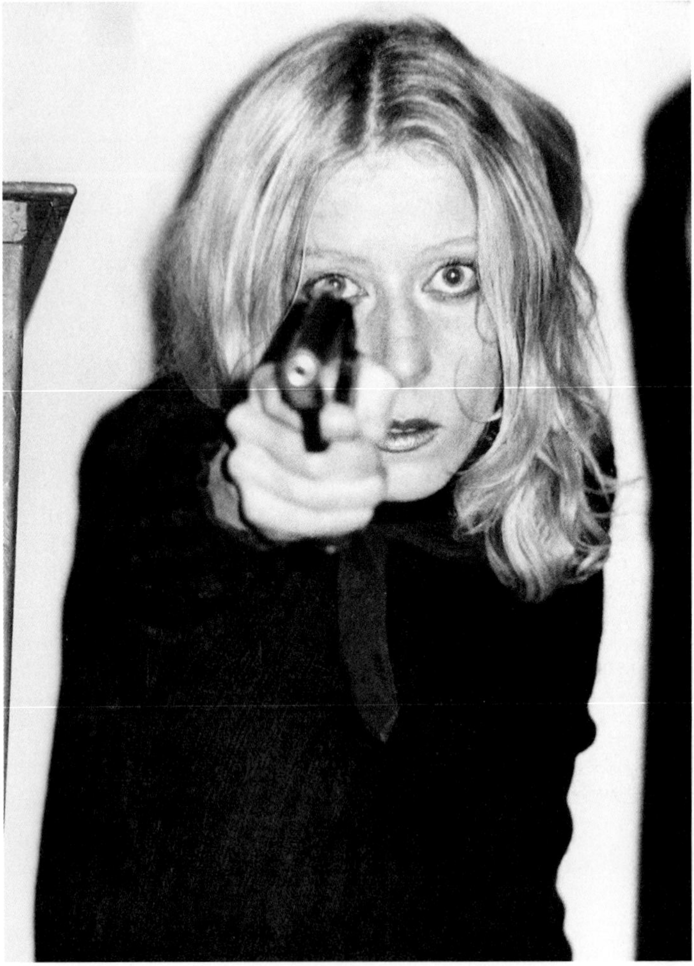

87

88

Er will dir nicht die Zunge aus dem Mund reissen,
aber deine Worte zu Staub zermahlen
und in den Wind streuen.
Verirrte Venen,
gefüllt mit giftigem lila Blut,
irren durch deinen Körper,
der immer mehr Geschwüre bildet.
Das Hirn fliesst aus seiner Schale,
während du auf weiter nichts bedacht bist
als auf Rettung unter allen Umständen.
Die Droge nimmt dich,
deine Augen werden mit glühenden Klingen durchbohrt,
zerplatzen kurz vor der Dunkelheit,
und auf einmal
spürst du,
wie deine Seele von hinten
sanft abgeschnitten wird.

Im Sonnenausverkauf den besten Strahl erwischen
und sehen,
dass dieser Strahl mehr ist
als ein Doppeltütchen voll Opium,
in Tränen aufgeweicht.
Spürst du die Kräfte in dir knacken,
aufbrechen wie Krebse
und schleichend den Körper verlassen,
und merkst du,
wie das einbalsamierte Fleisch
zu beben beginnt,
jedes Organ seinem Orgasmus huldigt?

Es lebe diese eine
grosse, grüne, blaue Welt,
um mich zu beleben.
Du bist allein
mit den Gefühlen des Friedens in dir.
Liebe deinen Henker wie dich selbst,
denn er wird deinen Fluchtweg nicht verfolgen können,
Blumen und Lieder versperren ihm den Zugang,
und meine Welt
ist eine einzige Welt von Melodien.
Sie grüssen sich in Liedern,
die Strasse, auf der ich gehe, ist gesegnet
und wird begleitet von schimmernden Triolen.
Sie gehören mir,
meine Melodien,
meine Lieder,
und meinen liebsten Genossen teile ich sie mit.

In diesem Raum steige ich zum Himmel
meiner Hölle empor.
Wer zuviel schreit,
wird heiser.
Welcher ungeheure Selbsterhaltungstrieb,
welche seelischen Reflexe
hatten meine Hand zaudern lassen?
Ich habe ohne Begeisterung eingewilligt
und bin aus dem Zimmer gegangen,
nach einer zynischen Pantomime,
die den andern zeigen sollte,
ich weiss Bescheid,
und die andern einschüchtern sollte,
falls sie etwas gegen mich unternehmen wollten.
Die Taktik ging mir auf die Nerven
und zerrüttete die andern.
Die Inszenierung eines wirklichen Dramas
sieht ganz anders aus.
Wir drehten und wendeten uns,
zerlegten alles in die einzelnen Rädchen
unseres höllischen Getriebes.
Aus der Unterredung
erhob ich mich verbrecherisch.

Merkst du denn verdammtnochmal nicht,
dass du dir eine andere Bettgenossin aussuchen musst?
Ich habe weder Schamhaare
noch ein Geschlechtsorgan.
Meine Oberschenkel
gehen nahtlos ineinander über.
Ich kann weder einer Frau
noch einem Mann dienen.
Dein Aperitif,
mit dem die Geschichte unweigerlich anfängt,
vergiftet mich.
Das Nachtessen,
das dann folgt,
ist wie eine Aufforderung zum Tanz.
Das unvermeidliche
Dukannstauchhierschlafen
bringt mich zum Gähnen,
weil die fortgeschrittene Stunde
meiner Wut die Kraft genommen hat.

Aus meinen grossen Schmerzen mach ich kleine Lieder

Kinderlieder

Hört ihr Herrn

Hört, ihr Herrn, und lasst euch sagen,
unsre Stunde wird bald schlagen!
10 Gebote setzt Gott ein,
hofft, dass wir gehorsam sei'n.
Gottes Wachen kann nichts nützen,
ihr müsst wachen, ihr müsst schützen!
Denn durch dieses Gottes Macht
gibt es keine ruhige Nacht.

Auf einem Baum ein Kuckuck

Ein Mädchen an der Limmat –
sim sa la dim bam ba sa la dim,
ein Mädchen an der Limmat sass.

Sie spielte auf der Flöte ein –
sim sa la dim bam ba sa la dim,
sie spielte auf der Flöte ein Lied.

Da kamen zwei Polypen –
sim sa la dim bam ba sa la dim,
da kamen zwei Polypen an,

die nahmen ihr die Flöte –
sim sa la dim bam ba sa la dim,
die nahmen ihr die Flöte weg.

Doch als ein Jahr vergangen –
sim sa la dim bam ba sa la dim,
doch als ein Jahr vergangen war,

sass sie mit einer andern –
sim sa la dim bam ba sa la dim,
sass sie mit einer andern da.

Ein Vogel wollte Hochzeit machen

Ich wollte mal ein Liedchen machen,
über das die Leute lachen.
Fidira la la fidira la la fidira la la la la.

Da nahm man mir den Schreibblock weg,
die Feder landete im Dreck.
Fidira la la fidira la la fidira la la la la.

Die Wut in mir war fürchterlich,
ich schwörte mir: Jetzt wehrst du dich!
Fidira la la fidira la la fidira la la la la.

Ich wollte ihn mir wiederholen,
ging zu dem der mich bestohlen.
Fidira la la fidira la la fidira la la la la.

Er lachte laut, und ich griff leise
nach dem heissen Eisen.
Fidira la la fidira la la fidira la la la la.

Jetzt hab ich meine Sachen wieder,
und ich schreibe Lieder.
Fidira la la fidira la la fidira la la la la.

Fuchs, du hast die Gans gestohlen

Ich hab eine Gans gestohlen,
geb sie nie mehr her,
selbst wenn mich die Bullen holen
mit dem Schiessgewehr.

Ihre grossen langen Flinten
schiessen Blei statt Schrot,
bis mich färbt die rote Tinte,
und dann bin ich tot.

Ringlein, Ringlein, du musst wandern

Warum kann ich nicht mal bleiben,
muss durch alle Länder treiben?
Was ich sehe, macht mich wild,
überall das gleiche Bild.

Die güldne Sonne

An Wochentagen,
wo wir uns plagen,
sehn wir die Grenzen
matt ohne Glänzen,
sehen wir die Unterdrückung.
Abends, da liegen
wir müde danieder,
aber die Reichen,
die lachen und streichen
dicke Gewinne ein durch unsern Schweiss.

Abend und Morgen
habe ich Sorgen.
Den Teufel sich scheren
und Unglück vermehren
sind deren Worte und Taten allein.
Wenn wir uns legen,
ist Armut zugegen,
wenn wir aufstehen,
so müssen wir gehen,
drücken die Karte und mucken nicht auf.

Wir soll'n vergehen,
sie aber stehen,
ohne zu wanken,
ihre Gedanken,
ihr Wort und Wille hat angeblich Grund.
Wir gehen baden,
die nehmen nicht Schaden,
erwecken im Herzen
tödliche Schmerzen,
bringen uns wirklich total auf den Hund.

Weisst du, wieviel Sternlein stehen

Weisst du, wieviel Autos stehen
unterm grauen Himmelszelt?
Wieviel gift'ge Wolken gehen
weithin über diese Welt?
Unser Staat hat sie gezählet,
dass ihm auch nicht eines fehlet
an der ganzen grossen Zahl.

Weisst du, wieviel Kinder spielen
in der bleiernen, dicken Luft?
Wieviel junge Menschen wühlen
sich die eigene Grabesgruft?
Unser Staat hat sie mit Namen
registriert, als sie ins Leben kamen,
weiss, dass sie gefährdet sind.

Weisst du, wieviel Alte frühe
stehn aus ihrem Bette auf?
Dass sie mit viel Sorg und Mühe
mürbe sind vom Tageslauf?
Unser Staat, der hat an allen
seine Lust, sein Wohlgefallen,
kennt auch dich und weiss Bescheid.

Der Mai ist gekommen

Der Tag ist gekommen,
ich flippe langsam aus.
Ein Blick in die Zeitung,
ein Schritt aus dem Haus.
Ich geh' zurück ins Zimmer
und warte, bis es dunkel wird.
Jeden Tag wird es schlimmer,
ich bin total verwirrt.

Meine Zeit ist bemessen,
man hat mich ausgesaugt,
und man wird mich vergessen.
Mein Buch liegt verstaubt
auf euren Regalen,
man sieht es sich schon nicht mehr an,
und bei den nächsten Wahlen,
da tut man wieder, was man kann.

Kommt ein Vogel geflogen

Kam mein Anwalt heute morgen
mit gerichtlichem Beschluss,
darin stand wohl geschrieben,
dass ich hierbleiben muss.

Sage denen, die noch frei sind
und so denken wie ich,
dass sie weitermachen sollen
in Gedanken an mich.

Sag, wir werden uns sehen,
ganz gleich wo und wann,
aber ich muss jetzt hier warten,
bis ich fortgehen kann.

Hänsel und Gretel

Werner und Vera
verirrten sich im Wald,
es war schon finster
und auch so grimmig kalt.
Sie fanden eine Villa
in einem grossen Park.
Sie klopften an,
denn die Kälte war so stark.

Da kam ein Mann aus
der Riesenvilla raus,
wohnte alleine
in diesem grossen Haus.
Er war bei Gott nicht freundlich,
oh Werner, welche Not:
Er nahm die Flinte
und schoss auf dich mit Schrot.

Vera, nicht ängstlich,
schlich sich von hinten an,
nahm einen Stein
und erschlug damit den Mann.
Sie machten aus der Villa
ein grosses Künstlerhaus.
Nun ist das Märchen
von Werner und Vera aus.

Es waren zwei Königskinder

Es waren zwei junge Mädchen,
die liebten einander so sehr.
Sie konnten zusammen nicht kommen,
sie hatten es beide so schwer.

Man hat sie soweit getrieben,
dass nur noch der Selbstmord blieb.
Was war denn so schlimm an den beiden?
Sie hatten einander nur lieb.

Es gibt keine Unterschiede,
das müsst ihr doch langsam mal sehn:
Am wichtigsten ist doch die Liebe.
Warum musste denn so etwas geschehn?

Der Mond ist aufgegangen

Die Zeit hat angefangen,
wir gehen und verbannen,
was einst gewesen war.
Die Welt steht stumm und schweigend,
doch wir schrein auf und zeigen:
Es lief bis jetzt nicht wunderbar.

Wie ist es plötzlich stille!
Wir sprengen unsre Hülle
und fragen, was das soll.
Auch ihr seht diese Sachen,
das können die nicht machen,
denn was passiert, ist grauenvoll.

So legt euch nur nicht nieder,
ergreift die Waffen wieder,
befreit euch von der Fron!
Wir wollen wieder leben,
dahin geht unser Streben.
Geht mit uns, kommt, wir warten schon!

Laterne, Laterne

Der Springer, der Springer,
grosser Unglücksbringer,
halt dein Maul, du Wicht,
mach den Laden dicht!
Wir verschonen dich
nächstes Mal sicher nicht.

Alle Vögel sind schon da

Diese Reden kenn' ich schon,
diese frommen Lügen.
Gleich aus welchem Mund sie kommen,
ich hab sie nie ernst genommen,
sie sind mir nicht wohlgesonnen,
werden mich betrügen.

Wie sie alle lustig sind,
flink und froh sich regen.
Präsidenten, Bundeskanzler
und das ganze kranke Geschwür der
Deutschland-Grosspolitiker
lassen uns erbeben.

Was sie euch verkünden nun,
nehmt's euch nicht zu Herzen.
Wir auch wollen lustig sein,
grad wie die Ministerlein,
hier und dort tagaus, tagein
die Gewalt ausmerzen.

Der Kuckuck und der Esel

Die beiden Kandidaten,
die hatten einen Streit,
wer wohl die Wahl gewänne,
wer wohl die Wahl gewänne
zur schönen Erntezeit.

Der eine sprach: Ich mach es!
Und fing gleich an zu schrei'n.
Ich aber kann es besser,
ich aber kann es besser,
fiel gleich der andre ein.

Das klang so schön und lieblich,
versprach uns auch so viel.
Wir hoffen, der Gewinner
(wir hofften das schon immer)
bringt uns die Anarchie.

Wenn ich ein Vöglein wär

Wenn ich am Ruder wär,
hätt' ich das Militär
eliminiert.
Doch weil ich unten bin,
liegt überhaupt nichts drin,
es wird marschiert.

Schon seit dem Altertum
bringen sich Menschen um
fürs Vaterland.
Die Feinde sind nicht vorn,
nehmt lieber die aufs Korn,
die euch gesandt!

Glockenspiel Weise: J. F. Reichhard

Wenn ich am Ruder wär, hätt' ich das Militär eliminiert! Doch weil ich unten bin, liegt überhaupt nichts drin, es wird marschiert.

Hopp, hopp, hopp

In der Tat,
ich hab's wirklich satt:
Gummiknüppel, Tränengas,
so macht keine Demo Spass.
In der Tat,
ich hab's wirklich satt!

Macht nur mit,
geht im gleichen Schritt,
sonst bekommt ihr Peitschenhiebe!
Tut es nur euch selbst zuliebe!
Macht nur mit,
geht im gleichen Schritt!

Geht zurück,
geht in die Fabrik!
Wie der Vater, wie die Mutter,
stempeln, kriechen, ducken tut er.
Geht zurück,
geht in die Fabrik!

Häschen in der Grube

Dutschke war als erster
und immer dabei,
er war dabei.
Er war unser bester Mann,
lief nicht weg,
tat, was er kann.
Er ist tot,
er ist tot,
er ist tot.

Metallophon — Weise: Volkstümlich

Dutschke war als erster und immer dabei, er war dabei. Er war unser bester Mann, lief nicht weg, tat was er kann. Er ist tot, er ist tot, er ist tot.

Zwischen Berg und tiefem, tiefem Tal

Zwischen Freud' und tiefem, tiefem Leid
sassen wir und sprachen,
diskutierten über Politik
hier in der Bundesrepublik,
bis wir uns trafen.

Als wir uns einig drüber war'n,
wollten wir was ändern.
Aber der Verräter unter uns,
den wir nicht erkannten unter uns,
bracht' den Plan zum Kentern.

Dass ein Bulle Wind davon bekam,
konnten wir nicht wissen.
Sie waren in der Überzahl,
und sie waren plötzlich überall,
und sie konnten schiessen.

Guten Abend, gute Nacht

Wachet auf, ihr dürft nicht ruhn,
denn es gibt was zu tun!
Macht die Augen auf und seht,
dass es so nicht weitergeht!
Morgen früh, wenn Gott will,
wirst du endlich geweckt.

Jeden Morgen, jede Nacht
von Spitzeln bewacht.
Die verfolgen dich am Tag,
kannst mir's glauben, wenn ich's sag.
Du schläfst selig und süss,
glaubst noch ans Paradies.

Weise: J. Brahms

Oh Tannenbaum

Oh AKW, oh AKW,
wie heiss sind deine Strahlen!
Du strahlst nicht nur
zur Sommerzeit,
nein auch im Winter,
wenn es schneit.
Oh AKW, oh AKW,
wie heiss sind deine Strahlen!

Oh AKW, oh AKW,
du wirst mir stets missfallen.
Ich steh' nur da
und kann nichts tun,
doch meine Angst
lässt mich nicht ruhn.
Oh AKW, oh AKW,
du wirst mir stets missfallen.

Die Gedanken sind frei

Die Gedanken sind nicht frei,
man kann sie erraten,
besonders Polizei
und grüne Soldaten.
Die werden sie wissen,
die werden auch schiessen.
Es bleibt wohl dabei,
die Gedanken sind nicht frei.

Und sperrt man euch ein
in finstere Kerker,
das alles sind keine
vergeblichen Werke.
Sie werden euch brechen,
und ihr werdet sprechen
und denken, man lässt euch frei,
doch auch das ist uns nicht neu.

Es, es, es und es

Es, es, es und es,
es ist ein harter Schluss,
weil, weil, weil und weil,
weil ich dabei sein muss.
Denn ich kann nicht mehr
nach hinten gehn,
dazu ist nun mal
zu viel geschehn.
Ich kann die Wut nicht dämpfen,
muss kämpfen.

Alle Jahre wieder

Alle Jahre wieder
kommt der erste Mai
auf die Erde nieder
ohne Kampfgeschrei.

Treibt uns auch bei Regen
auf die Strasse raus.
Revoluzzer reden,
warten auf Applaus.

Sind auf unsrer Seite,
laut und sehr bekannt
für die Arbeitsstreike
hier in unserm Land.

Morgen, Kinder, wird's was geben

Morgen, Leute, wird's was geben,
morgen werden wir aktiv.
Welch ein Jubel, welch ein Leben,
hach, wie sind wir progressiv!
Einmal werden wir noch wach,
heissa, dann ist unser Tag.

Wie wir dann die Mollies schmeissen,
krachen wird es überall,
schöner als bei grossen Festen,
Lichterglanz und Feuerknall!
Wisst ihr noch, wie vor'ges Jahr
es am heut'gen Tage war?

Welch ein schöner Tag ist morgen,
neue Hoffnung schöpfen wir!
Unsre guten Eltern sorgten
viel zu lange schon dafür,
dass sich etwas ändern muss.
Ihnen gilt der erste Schuss.

Kein schöner Land

Kein schöner Land in dieser Zeit
als hier das unsre weit und breit,
wenn wir uns finden,
uns zu verbünden,
zur richt'gen Zeit.

Da haben wir so manche Stund'
gesessen da in ernster Rund',
haben gemahnet,
haben geplanet
zu später Stund'.

Jetzt, Brüder, eine gute Nacht!
Geht heim, bedenkt, wir sind bewacht!
Wir müssen schweigen,
dürfen nichts zeigen
von unsrer Macht.

Freude schöner Götterfunken

Eure Kinder werden erben,
was ihr hier verbrochen habt,
von den Scheissatomkraftwerken
hin bis zu der gift'gen Saat.
Keiner wird es überleben,
alle werden sie krepier'n.
Denkt daran bei eurem Streben
und gebraucht mal euer Hirn!

Hört mal auf zu konsumieren,
stellt mal eure Glotze ab!
Arbeitet nicht wie die Tiere,
das bringt euch nur früh ins Grab!
Lasst mal alles stehn und liegen,
zieht die blauen Kleider aus!
Lasst rot-schwarze Fahnen fliegen
und geht auf die Strasse raus!

Deshalb schau und unterscheide . . .

Unveröffentlichte Kinderlieder

Zeigt her eure Füsschen

Zeigt eure Gesinnung, zeigt eueren Mut
und höret dem Franz Joseph Strauss einmal zu.
Er redet und redet verdammten Quatsch.

Trara, das tönt wie Jagdgesang

Passt auf, das klingt wie Marschmusik,
wie richtig gemeiner, brutaler Krieg,
wie Marschmusik, wie Bombenkrieg!
Passt auf! Passt auf!

Summ, summ, summ

Sei nicht dumm,
sonst legt man dich um!
Alles tun sie dir zuleide,
deshalb schau und unterscheide!
Sei nicht dumm,
sonst liegt man dich um!

Weil der Feind
manchmal nett erscheint:
Vorsicht ist jetzt angebracht,
wähle aus mit Vorbedacht,
weil der Feind
meistens nett erscheint.

Wachet auf

Wachet auf, wachet auf,
und seht euch mal um!
Die Grossen verkaufen
die Kleinen für dumm.

In Schnutzelputz Häusl

So geht es in unsren Quartieren zu,
da reisst man die Häuser ab, und im Nu
stehn riesige Wohnblocks da –
nur wozu?

Ihr pfercht uns in winzige Zimmer ein.
So klein sollten wirklich nur Särge sein.
Wir leben und sterben hier
ganz allein.

Froh zu sein

Freiheit ist eins von den Dingen,
die uns nur ein Aufstand bringen.

Die Tiroler sind lustig

Heute bin ich so lustig,
heute bin ich so froh.
Ich zerknülle die Gesetze
und werfe sie ins Klo.

Backe, backe Kuchen

Ihr könnt mich lange suchen,
könnt mich lang verfluchen –
wer mich hier will überwachen,
der muss haben sieben Sachen:
Zeit und Mut,
Geld und Gut,
Grund und Ziel,
Ehrgeiz nützt euch
auch nicht viel.

Du lieber Herr Jesus

Du lieber Herr Jesus,
erbarme dich mein!
So bete ich alle Tage zu dir.
Was aber schenke ich dir dafür?
Meinen kranken Körper
hast du mir selber gegeben,
mein Gefängnis,
meinen Hass,
mein ganzes verpfuschtes Leben.
So soll mein Geschenk
dies Gebetlein sein.
Du lieber Herr Jesus,
erbarme dich mein!

Durch diese Strassen geht ein tiefer Riss

Spätere Gedichte

Das Ende ist,
dass die Menschen einander umbringen
und die Städte in Brand stecken.
Die These,
dass der Mensch von Natur aus gut ist,
wurde wahrscheinlich erst viel später erdacht,
gegen jede Erfahrung.
Mein Essen ist kein Essen,
und mein Schlaf ist kein Schlaf.
Ich möchte aufschreien,
die Fingernägel mir ins Fleisch graben.
WEN SUCHST DU DENN?
ICH?
Ich bin ertappt,
versteinert.
NIEMANDEN!
Dann merke ich,
dass mir die Tränen übers Gesicht laufen,
am liebsten würde ich einfach losfahren
bis übers Ende der Welt hinaus.
Wahnsinn ist das!
Ich möchte etwas zerreissen – zerbrechen – zerschlagen.
Ich sehe mich im Spiegel,
wie man die Flut kommen sieht,
die auf einen zustürzt,
und bleibe wie betäubt stehen.
Es ist mir,
als stehe das Dach über meinem Kopf in Flammen,
als stürze die ganze Welt rings um mich zusammen.
Die Erde brennt unter meinen Füssen.

Als er „Jesus" in mein Tagebuch schrieb –
die Negative deiner Kinder
liegen im Handschuhfach meines Autos,
das ich heute morgen mit 120 Sachen
in den Frontlaster gefahren hatte;
ich stand neben meiner Leiche, wie früher,
Fragen im Wind,
Münder (questions)
KWESTSCHENS
die Frage, die allgemein nicht gesprochen,
sondern gestammelt wird.
Bitte einen Büchsenöffner,
einen alten,
den man zuerst in den Büchsenrand treibt
mit dem Handballen.
Telefonate mit Locarno 093,
092 Lugano,
Chiasso-Milano einfach, bitte.
Die Ratlosigkeit des Polizisten,
der hinter den Blumenkisten lauert,
die Schüsse im unteren Stockwerk,
welche das Leben der beiden Krankenschwestern auslöschten,
störten das ARD-Programm für 4 Sekunden,
in denen du mich ansahst.
Ich spürte, wie mein Blut in den Adern gerann.
Ich will das Fleisch eurer kranken Schweine nicht essen;
ihr wisst ja nicht mal,
dass eure Särge
schon in Japan gebaut werden.
Ich bin schon lange nicht mehr ich selbst,
ich ziehe verloren um Esszimmertische Kreise
wie Verkehrsflugzeuge,
die die Landung verpasst haben,
mein innerer Motor
wurde bei meinem letzten Zusammenbruch
durch STRAHLTRIEBWERKE ersetzt,

an dem Tag, an dem ich
die Strasse mit Torten pflasterte
und dann den Chevi mit wilder Freude
in den Abgrund fuhr.
Ich stieg in der Schlucht aus
und trank meinen ersten Cuba libre.
Einer dieser wahnsinnigen Cowboys,
die Atombomben in ihren Halftern tragen,
mit Marlboro und Hill-Billy-Sound
auf unrund drehenden Hitachi-Recordern,
der ewige Plastictraum vom immergrünen Cactus
in den Wüsten Nevadas,
zu meinen Füssen die Cola-Dose
aus Weissblech mit dem verwaschenen Etikett.
Und dann dein Brief mit dem Inhalt:
WAS FÜR EINE LEERE AM VORABEND DES TOTALEN KRIEGES
Der Zünder der Handgranate
liegt im Badezimmer neben der Zahnpastatube,
erinnert mich an die Australierin,
die ihren Körper mit Elmex Fluor einrieb
und ratlos auf der Feuertreppe stand.
B. sitzt neben mir und flucht,
weil er den Vorderlader nicht zusammenbauen kann
für den Banküberfall, den wir vorhaben
mit unseren Bärten aus dem Kühlschrank:
die Zündhüte fehlen wie immer.
B. macht die Agraffen rein,
18 wie immer.

Die Aufständischen sind ruhiger geworden.
Noch eben gaben sich die Betriebspsychologen die Hand
und gratulierten sich.
Jetzt fragen sie sich:
Was haben wir falsch gemacht?
Sie haben das Äussere nach innen gekehrt,
bis innen aussen wurde,
und umgekehrt,
bis Unrecht Recht wurde
und die Pflicht ein Vorrecht gegenüber dem Widerstand hatte.
Ja, meine Tochter,
wir haben uns bedankt,
damals,
und haben angenommen,
für dich,
meine Tochter.
Erst heute spüren wir am eigenen Leib:
Diese Menschen sind Parasiten,
sie nähren sich von der Substanz der Jungen.
Hast du das neue Wort verstanden,
Tochter?
Wenn du jetzt weinst
MEINE TOCHTER
wie manchmal,
als wir abends dich allein liessen,
dann schlagen sie dir ins Gesicht,
und die Nachbarn schauen aus den Fenstern.
In dieser Stadt Zürich
muss man tapfer sein,
denn durch diese Stadt,
durch diese Strassen
geht ein tiefer Riss.

Die Perspektiven bleiben die gleichen

In den Strassen von Genua türmt sich der Müll. Doch der alte Strom
                hier fliesst immerzu, und ich sitze einfach da
und sehe den Wellen zu.
Dich nehm' ich jederzeit, du Erbauer von Regenbogen im Himmel.
Niemand bleibt stehen und fragt warum.
Ich komme auf dein Schiff, und wir fliegen zusammen übers Meer.
Ich mache einen Zettel ans Fenster mit der Nachricht

    BIN EINSAM

Dann gehe ich über eine Brücke, wo der Bach kein Wasser mehr führt,
                und meine Gedanken weben eine Symphonie.
In der Sonne, beim alten Strassenschild sagt einer zu mir:
„Wie geht es dir?" Ich sage das gleiche zu ihm.
Die Zeit vergeht langsam hier unten im Tal, und die Bänke sind nass
                von Tränen, Schweiss und Blut.
Mein Himmel stürzt ein, dem Winter folgt kein Frühling mehr.
Ich beginne, meine Meisterwerke zu malen.
Wo immer ihr euch umseht heute Nacht, könntet ihr die Gesuchte
                sehen, und auf halbem Weg komme ich an einer Stadt
                vorbei, in der man ebenfalls nach mir fahndet.
Ich erfahre es von Freunden tagtäglich; aber als Fremde ist man
                wenig Liebe gewöhnt.
Sattelt mir meine grosse weisse Gans.
Ich zähl auf dich, mein gutes Kind.
Wieder folgt eine Nacht, in der ich warte auf das Licht, während der
                Wind heult. Ich sehne mich nach der Morgendämmerung.
Die Nacht, sagt man, sei dafür gemacht, um zu sein mit dem, den
                man liebt.
Sagt mir, dass es nicht stimmt.
Visionen zerschellen zuguterletzt wie Glas. Ich folge meinem eigenen
                Urteil, doch als Gefangene kann ich euch nur
                bitten:

Lasst meinen Fall nicht liegen und haltet die Geschworenen zurück!
Neunundvierzig Tage und Nächte lang habe ich gewütet und bin in der fünfzigsten verdurstet.
Kommt heraus, ihr Könige und Königinnen.
Kein Grund, sich aufzuregen. Nichts, was man mir vorwirft, lässt sich beweisen, aber jedes Eintreten für eine Sache setzt ein Zeichen.
Und nun bedient euch
BEDIENT EUCH MEINER

Engel können nicht auf der Erde leben,
sie gehören in den Himmel.
Das Klima hier unten ist so heiss,
dass sie sich verbrennen,
und wie soll es weitergehen
ohne unsere Engel?
Ich tröste mich mit dem Gedanken,
dass Ginsberg jetzt vielleicht auch
über einen Teller gebeugt dasitzt
und die ewigen weissen Bohnen in Tomatensosse in sich reinwürgt
und sich jeden Abend besäuft,
weil er es einfach nicht erträgt,
in dieser Welt ohne Engel zu leben;
wie dieser Berner Dichter,
der mir in jedem Brief schreibt,
er sei betrunken;
wie ich in dieser Kulturfabrik
dasitze nach meinem Hirnschlag
und das Gefühl habe,
ich lebe mit einer Bombe im Kopf,
die jeden Moment losgehen kann;
wie dieser Maler gegenüber in seinem Atelier,
der einmal mein Mann war
und jetzt dem Stoff nachrennt.
Manchmal habe ich vor nichts mehr Angst,
und manchmal bin ich ein Stein, der Angst hat,
geworfen zu werden,
und manchmal bin ich ein Gleis,
das vor jedem Zug, der kommen wird, zittert,
und dann kann mich jeder verletzen,
dann bin ich nur noch eine grosse Wunde.
Die Zärtlichkeiten kommen zu spät,
sie haben die Wirkung von Peitschenhieben,
weil die Engel nicht mehr auf der Erde leben können.
Manchmal bin ich auch nur ein Mensch,

der Angst hat, abgeknallt zu werden.
Und es gibt keinen Moment mehr, der mich froh macht,
weil nämlich die Engel fehlen.
Ob dieser Berner Dichter
auch von weissen Bohnen in Tomatensosse lebt?

Es gibt welche,
die linken dich vom Schreibtisch aus.
Wenn du das früh genug tickst,
dann zieh dir deinen Hut tiefer ins Gesicht
und beschliesse: von nun an
werden die Leute von mir reden.
Es werden nun harte Zeiten kommen,
und du musst aufpassen,
dass du nicht jeder honigblonden, dauergewellten,
einen Kinderwagen vor sich herschiebenden,
einen Ehering am Finger tragenden
Lady an die Kehle springst.
Es werden harte Zeiten kommen,
wenn du versuchst,
den friedlichen Jungs an der Riviera zu erklären,
dass es etwas zu tun gibt,
dass *science fiction* und *satisfaction* Worte sind,
die man mal auf deutsch aussprechen sollte.
Es werden harte Zeiten kommen,
wo du dich gegen alles
und alle wehren musst,
wo du spürst, die guten Freunde sind rar,
sie hängen noch an ihrem armseligen Leben.
Die Leute reden nun von dir,
und du musst deinen Hut
immer tiefer ins Gesicht ziehen,
sonst erkennen sie dich an den Wunden,
die sie dir geschlagen haben.
Dann, eines Tages,
wird es soweit sein.
Sie werden gegen deine Haustür treten
und rufen:
Aufmachen, jeder Widerstand ist zwecklos,
das Haus ist umstellt.
Wenn es soweit ist,
dann ziehe ruhig deine MP unter dem Bett hervor

und nimm den Hut ab,
denn jetzt sollen alle sehen,
von wem da geredet wird.
Und dann nimmst du noch ein paar von den Schutzengeln,
die diese Erde bevölkern,
mit dahin, wo sie hingehören.
Man wird noch eine Zeitlang von dir reden,
man wird dich eventuell sogar
in ein paar linken Politschmökern unsterblich machen,
und vielleicht lernen einige andere daran,
dass es nur zwei Möglichkeiten gibt:
die eine, menschenwürdig zu leben,
und die andere, den Hut zu ziehen
und zu sagen:
Adieu Freunde.

Gedanken

Ich suchte den Lichtschalter und wusste,
dass die Einwohner dieses Dorfes
auf diesen Augenblick gewartet hatten.
Sie wussten alle zugleich,
dass mir die Zigaretten ausgegangen waren
und wir nicht in der üblichen stillen Umarmung
in deinem Bett lagen.
Du wusstest,
als ich dir deine Wunden leckte,
dass du mich nur noch in Nadelwäldern lieben würdest,
in weissen Kleidern,
von Hunden bewacht,
die Tränen der Nacht im Auge.
Es war ein unheimlicher Frühling,
in dem man Präsidenten anschiesst.
Ich schiebe verzweifelt den vierten Gang rein,
und alles riecht nach Pulmex und Tigerbalsam,
auf dem Rücksitz die Schallplatten mit den MP9s drauf.
Ich möchte deine Kälte sein,
gleich einer Maschinenpistole in Butterbrotpapier gepackt,
die Dichter und Briefträger,
die Leichen- und Würdenträger,
Päpste und Mörder,
Arbeitslosenmonster und Traumpräsidenten –
Schüsse werden in der Toilette fallen;
meine Träume werden in Kiosken an der Eigernordwand
in SELBSTVERLAGEN erscheinen,
alle Menschen werden mich HEILIG sprechen,
inklusive die Vertreter für Sargbeschläge,
die unter anderem als Bauchladenmänner und Zuhälter
Schallplatten der neuen Generation der Superlative verhökern.
Ich bin kaputter als der aufziehbare Vogel

auf dem Birnbaum vor dem Haus,
ich bin so kaputt wie Steffen (Walter Arnold Steffen, Dichter,
Maler und Sternhellseher)
gestern in der Strassenbahn.

Gegenüber an der Hauswand der Spruch:
I long for beton
pigs Bullenschweine.
Diese Wut möchte ich noch im Bauch haben,
diesen kämpferischen Überlebenswillen.
Kubistisch
stehen meine Sprachschöpfungen
auf Papier, in Büchern,
ohne Anspruch,
ohne Missionseifer.
In mir beginnt sich jeden Morgen ein Schrei zu entwickeln,
der dann am Abend seinen Höhepunkt erreicht;
der dann, abgewürgt
durch Valium, Seresta, Temesta,
Schlaf findet
bis zum nächsten Morgen.
Wenn deine goldene Hand mir über mein rabenschwarzes Haar
    fährt,
wenn deine goldene Hand sich auf meinem Körper bewegt,
wenn deine goldene Hand mit mir spielt –
du weisst nicht, was du tust
DU WEISST ES NICHT
Was soll ich tun,
wenn ätzende Flüssigkeit aus meinen Poren dringt,
wenn eitriges Blut aus meinen Poren dringt,
wenn mein Zerfall schon jetzt beginnt?
Nein, nein, das ist kein Alptraum.
Es ist so.
Deshalb lass mich schlafen,
deshalb werde nicht schuldig an mir,
deshalb verschone mich,
schone mich,
mich.

Ich habe da eine Sache gemacht,
bei der ich Name und Person
weder veröffentlichen
noch vortragen kann.
Aber dazu noch etwas,
nicht sehr poetisch
aber wahr:
Diese Frau,
die mit 75 Jahren keine Politik mehr macht,
weil sie zu müde ist
und nach ihrem Vorleben
verständliche Angst hat,
wörtlich:
am meisten vor ANTISEMITEN und ANTIKOMMUNISTEN,
ist die Person,
die ich von allen,
die ich jetzt in Zürich kenne,
auf einen Sockel stelle.
Wahrscheinlich kennen sie viele von euch,
die meisten.
Ich darf ihren Namen,
ihre Agitation
bekanntgeben,
wenn sie gestorben ist,
und dann wird ein mächtiges Raunen
des Erstaunens
durch die Reihen gehen.
Aber sie bleibt mir hoffentlich
noch lange erhalten.

Ich habe meine Pflicht getan,
den mächtigen Richtern
auf wankendem Thron,
den zynischen Chemikern
in kalten Gruften,
den weisen Predigern
hinter verschwiegenen Kulissen,
den geschmeidigen Ästheten,
von versöhnender Wärme gepackt,
den feurigen Extremisten
im Taumel kühner Schwüre,
den zornigen Helden,
von glühendem Geist durchzogen,
gleich.
Nun bin ich die Braut meines Henkers
und trinke sein Blut,
auf dass seine goldenen Trommeln zu tanzen beginnen.
Ich bin die Braut meines Henkers,
ich bin die Sahara
und netze mich mit seinen Tränen,
ich bin der Ozean
und suche den Bug seines Schiffes,
ich bin ein ganzes Zeitalter
und werfe mich vor sein Gericht.

Ich setze mich auf,
es ist früh am Morgen,
und ich höre deinem Atem zu.
Ich traf dich gestern
in der U-Bahn-Station,
und der Himmel weiss,
warum ich dich angesprochen habe
und wieso du jetzt neben mir liegst,
ein fleischiger,
krankhaft weisser Körper.
Ich schaudere,
wenn ich bedenke,
dass ich mit dir geschlafen habe,
und überlege mir,
wie ich dich auf billige Art
wieder loswerden kann.
Das Allerwelts-Eau de Cologne,
das du benutzt,
weckt einen Brechreiz in mir.
Sehr langsam und sehr leise stehe ich auf
und ziehe mich an,
ohne einen Blick von deinem Körper zu wenden,
der mich an das weisse Fleisch
von frisch gerupften Hühnern erinnert.
Sechs Uhr morgens.
Ich gehe gegenüber einen Kaffee trinken
und warte,
bis du das Haus verlassen hast.

In monogamen Betten,
als nach dem ersten grossen Frühlingstag
der Himmel so blass geworden war,
als wäre ihm das Rouge ausgegangen,
als meine müde Hand
die bleiche Stirn
wie im Selbsterbarmen streichelte,
als die Sonne mit ihrem heissen,
giftigen Maul
die Tautropfen von der Strasse frass,
stürzte ich in blaues flutendes Weinen.
Die Welt ist wie ein Morphiumtraum,
einige stöhnen,
aber niemand spricht.
Ruhe wohnt in diesen blauen Räumen,
und ein Kanal speit plötzlich feistes Blut.
Am Abend säumt die Pest ihr blaues Kleid,
am Abend regt sich Geflüster auf der Insel.
Ich liebe diese ersten bangen Zärtlichkeiten,
umgeben von Angst und Fragen.
Glaubst du denn,
dass ich mein Schweigen breche?

Meine kleine weisse Taube – hilflos –
ich bin ganz wirr
wie jemand, der die ganze Nacht über
in Sturm und Regen herumgeirrt ist –
ich gehe ihr aus dem Weg, um ja nicht in Versuchung zu kommen,
sie unversehens zu packen und totzuschlagen –
ich will hinausschreien:
Hütet euch vor mir!
Fasst mich und bindet mich!
Greift zu euren Knüppeln und schlagt mich tot wie einen
tollen Hund –
es ist schrecklich, wenn man sich ohnmächtig fühlt –
noch schrecklicher aber ist die Gewissheit,
dass es auch andere wissen –
wieder erfasst mich dieser Wirbel –
verdammte Katze – kriecht mir immer zwischen die Füsse –
es knistert unter den Schuhen,
als würde eine Leinwand zerrissen.
Ich habe Hunger – es ist ein tiefer,
dumpfer – vernichtender Hunger.
Der Mond vor mir – der Mond hinter mir –
dann stehen also zwei Monde am Himmel –
wo bin ich?
Eine gewaltige Stille liegt über der Stadt –
Das Methangas ist mir ins Gehirn gedrungen und dann explodiert.
Ich bin ganz und gar VERNICHTET,
ich bin die Gefangene des NICHTS – der Kälte – des Todes –
ich laufe wie eine Verrückte herum – weil du gelacht hast.
Dein Lachen war so höhnisch – dass es war –
als ob mir jemand verrostete Nägel ins Fleisch treibt –
du wirst von mir später nie behaupten können –
ob ich traurig war –
oder von Ironie besessen – tugendhaft oder liederlich –
ICH BIN ALLES AUF EINMAL

ich liebe die Maske – hinter der ich meine Verwundungen
verbergen kann,
aber
ICH MÖCHTE TROTZDEM DAHINTERKOMMEN WAS DICH
   SO ZERNAGT

Luxus – wohin ich auch blicke – Luxus.
Ich brauche eure verdammten Geschenke nicht,
ich brauche meine Einsamkeit,
lasst mich doch alle in Ruh!
Das Telefon klingelt, das Telefon klingelt.
Wer hat diese verfluchte Höllenmaschine erfunden?
Duden,
siehe Fernsprecher:
1861 Philipp Reis. Philipp Reis,
hätte der nicht eine neue Rose züchten können?
Oder Seidenraupen?
Oder Gedichte schreiben?
Oder einfach in der Sonne sitzen
in einem Strassencafé?
Aber er hat nur einen Gedanken gehabt,
das Telefon zu erfinden.
Oh, ihr ritterlichen Verehrer,
ich hau mir lieber ein Ei in die Pfanne,
bevor ich an eurem Kaviar ersticke.
Ich will an dieser Hermes Media 3
Gedichte schreiben, bis ich vor Müdigkeit
in verrückte Träume falle.

Mir fällt ein ...
LIEBESGEDICHT

Der Prozess,
bei dem der Richter lebenslänglich bekam.
Zum Mond fällt mir ein,
dass er manchmal TOTAL voll ist.
Zu mir
fällt mir nichts mehr ein.
Zu einer Faust fällt mir ein,
dass man sie nicht in der Tasche machen sollte.
Zu diesem Gedicht fällt mir ein,
dass es EIGENTLICH ein Liebesgedicht werden sollte.
Zu Poesie
fällt mir nachgerade sehr viel ein – ungeheuer viel.
Zu dieser Stadt Zürich fällt mir ein,
dass ich sie liebe.
Zu Omnibus
fällt mir ein – dass ich lieber Strassenbahn fahre.
Zu der dritten Dimension
(das behalte ich lieber für mich).
Zur Erde fällt mir ein,
dass sie demnächst auseinanderkracht.
Zu Ferngesprächen fällt mir ein,
dass ich zu viele führe,
usw.
Das wird nie ein Liebesgedicht.

Soll ich mir eine Flasche Wein aufmachen
oder den Rest Shit rauchen?
Aah, ist das nicht ein lässiges Leben?
Ich öffne das Fenster
und fliege auf das Dach gegenüber.
Ich sehe mir beim Schreiben zu,
sehe meine zusammengepressten Lippen,
meine Augen,
die ins Nichts starren,
ins Niedagewesene,
entseelt, entmenscht, entsinnlicht.
Ich wende meine Augen von mir ab
und spaziere auf dem Dach herum.
Dunkle Smogwolken fallen auf mich herunter,
zerteilen den Körper in zwei Hälften,
zerteilen das Hirn,
zerteilen mich,
trennen die Hände von den Armen,
giftig spritzt grünes Blut
aus den Adern,
die Hände wachsen wieder nach,
werden wieder abgetrennt
und so fort,
bis ganz zum Schluss
ich zurückgehe,
mir wieder gegenüberstehe.
Ich nicke mir zu,
ich nicke zurück,
ich breite wieder die Arme aus
und fliege
zu mir ins Zimmer zurück,
streichle mir übers Haar,
die Wimperntusche hinterlässt schwarze, schmierige Spuren
WEINE ICH ODER SIE?

Torremolinos

Vor einiger Zeit
ging ich nach Torremolinos,
um die Kinder zu suchen.
Ich bin gelaufen,
bis ich müde wurde
und eine kleine Mauer in der Fussgängerzone sich anbot.
Ich schlug das Angebot nicht aus
und beschloss,
die Kinder von der Mauer aus
sitzend zu erwarten.
Und da sass ich
und sah den Trickbetrügern zu,
den Touristen,
die viel Geld verloren,
und ich beschloss,
mich auf die Seite
der Trickbetrüger zu stellen.
Und müde vom Suchen,
von der Fussgängerzone
und den modisch gekleideten Menschen,
beschloss ich,
ins Hotel zu gehen,
um eine kleine Bombe zu basteln
oder
eine Patience zu legen
und von nun an
MONATELANG
keine Zeitungen mehr zu lesen
oder Bobby Mc Gee zu hören.
Und ich beschloss,
die Kinder
– sollte ich sie doch noch finden –
auf der grossen Freitreppe zu versammeln,
die zum Casino führt,

und ihnen zuzurufen:
Geht in die Knie
und schliesst eure Pazifistenaugen
und sprecht mir die Worte nach:
NICHT EINMAL DU KANNST DICH DRÜCKEN
und wenn dann einer kommt
und sagt,
ich passe hier nicht rein,
dann wünsche ich ihm viel Glück
für seinen nächsten Selbstmordversuch.
Aber wenn einer kommt und fragt:
Kann ich dir helfen?
Dann schreie ich JAAA!
Siehst du das nicht?
Hilf mir,
meinen Koffer zum Bahnhof von Torremolinos zu tragen,
und bete für mich,
dass bald ein Zug kommt,
der mich von hier fortträgt
und dessen Stampfen und Quietschen
mir das Gefühl gibt,
noch irgendwo Kinder zu finden,
die keine ausgefransten Arterien haben,
in deren Augen
sich meine Wut widerspiegelt,
Kinder,
bei denen die Sonne ein Problem ist,
das nicht den ersten Rang einnimmt.

Wäre nicht eine gütige Seele bereit,
Ordnung auf meinem Schreibtisch zu schaffen?
Ich blick nicht mehr durch,
der Engel liegt abgestürzt neben mir
auf dem hellen Berberteppich,
wie ein verletztes Vögelchen
mit abgebrochenen Flügeln.
Sobald ich einen Schritt aus diesem Zimmer gehe,
stürze ich in die Hölle,
man sieht das,
wenn man es fotografiert
BLENDE
Blendamed, weiss,
deine Plasmafetzen zwischen meinen Zähnen,
die dicke Wirtin,
die Autofahrten mit dem Eaglesound –
IEGELSOUND
das honigfarbene Stück Musik,
das auf meinem zertrümmerten Körper tanzt.
Ich bin ein Bestandteil von dir
und lebe als Neutron in deinem Körper,
mein Brief lag auf dem Ikea-Tisch,
du wolltest nicht, dass man mich sieht
beim Rausgehen.
Autostrada del sol
und die sterbenden Augen von Giovanni Colombo.
Siehst du, Vera,
jetzt stirbt er.
Wir sahen uns in die Augen und lächelten,
es war das Lächeln der total Verzweifelten,
er starb, und ich lebe noch
ABER WIE???

Was bleibt einem Künstler da noch übrig,
wenn kein Wunder geschieht?
Eine Tasse warmer Tee
und eine Handvoll Erdmasse.
Ein wahres Bedürfnis nach Liebeskummer
erfuhr ich,
als ich imstande war,
die Liebe, die sich um mich befand,
zu erkennen
und zu ersehnen,
hart oder weich,
wie sie ist,
dazwischen ist man ganz normal –
aber möglicherweise ist alles viel einfacher.
Wovon redet ihr eigentlich?
Und was war das für ein Flimmern vor den Augen,
als ich versuchte, den andern am Tischende zu erreichen,
gute Nacht zu sagen,
um in meinen kleinen Raum zu klettern?
Unterwegs stolpern die Menschen den Gängen entlang,
jedes Wort
wird im Koffer des Körpers zerdrückt.

Wir kümmern uns nicht mehr darum,
irgendwann vor ein paar Tagen
haben wir beschlossen,
uns den Mund mit Zickzackstichen zuzunähen,
doppelt,
damit es hält,
mit Eisengarn,
damit es wetterfest ist.
Also
werden wir nichts mehr sagen,
Gerüche
werden uns nicht mehr irritieren,
Gespräche
werden uns nicht mehr beunruhigen.
Irgendwann
vor ein paar Monaten
haben wir beschlossen,
Nase und Ohren mit flüssigem Wachs zu füllen,
Asbest
mit Uhu-Alleskleber auf den vier Öffnungen zu befestigen,
damit es hält.
Also
werden wir nichts mehr riechen
und nichts mehr hören,
wir kümmern uns nicht mehr darum.
Für die Augen
haben wir eine Hollywood-Schlafmaske vorgesehen,
wattiert,
zum Abnehmen,
denn sehen
wollen wir in ein paar Jahren noch,
sehen,

WAS WIR VERSÄUMT HABEN ZU SEHEN,
WAS WIR VERSÄUMT HABEN ZU RIECHEN,
WAS WIR VERSÄUMT HABEN ZU SAGEN,
WAS WIR VERSÄUMT HABEN ZU HÖREN,
sehen,
dass sich NICHTS geändert hat.

Weigerung

Ich lasse mich nicht
als linken Fisch
in diesem Kulturweiher angeln.
Ich lasse mich nicht
als linkes Stück Holz
in diesem Kulturofen verbrennen.
Ich lasse mich nicht
als linken Sarg
in dieses Kulturgrab legen.
Ich lasse mich nicht
als linken Vogel
von diesem Kulturhimmel abschiessen.
Ich verkaufe meine Gesinnung nicht.

Dann schaut der dich über den Rand seines Weinglases so an
– und macht dich zum Rädelsführer aller Bewegungen,
nur weil du im falschen Moment „Scheisse" geschrien hast,
mit zu langen Pullovern die Bürgerlokale betrittst,
Leimspuren auf der Hose hast,
verträumt dem gelben Auto deines ehemaligen Freundes
       nachblickst,
an Vorträge über gesunde Ernährung und Meditation gehst,
dabei sechzig Zigaretten rauchst,
aber die Idee des Jahrhunderts hast,
mit allem aufzuhören.
Unten permanent verstopft,
jeden Tag Agiolax,
du sitzt dann so da,
allein auf der Kloschüssel,
und wartest auf den Eidechsenfrieden.
Die *Brigitte* in der Hand,
starrst du auf Seite siebenundzwanzig auf das neue Schnittmuster,
das für mich wie Sternkarten aussieht.
Ich habe dann das Gefühl, dass du
in deiner Einsamkeit
auf dem Klo
mit deinen Schnittmustern die Weltmeere überquerst.

Das mit dem Leim war für mich schon immer eine Geschichte für
    sich,
der Tag, an dem ich glaubte,
die Welt mit Araldit-Rapid zusammenleimen zu müssen,
wie ich durch die Stadt hetzte
und mir vier Riesentuben Zweikomponentenleim kaufte
und gerade noch in Kloten die Maschine nach Casablanca-Dakar
    erwischte.
Die Plastiktüte und den Leim zu meiner Rechten,
mit grössenwahnsinnigen Ideen,
einem Drink in der Hand in zwölftausend Metern Höhe ohne
    Visum,
weil die Reaktion des Araldits für mich ein Freipass war.
Ich brauchte nie den Ausweis zu zeigen.
Ich klebte mich durch halb Afrika,
überquerte auf geleimten Frachtern den Atlantik
und war glücklich,
aber nach einer gewissen Zeit nahe am Verblöden.
Wie das so ist,
wenn man irgendwo in Guatemala
auf einer endlosen Landstrasse vor seiner Karre steht,
den Kofferraum voller Leimtuben,
kein Tropfen Wasser mehr im Kühler,
nirgends ein Fluss
oder ein paar Flaschen Selterswasser,
die angefressenen Kolben, die einen anstarren,
wie um einem zu sagen:
es ist ausgeträumt, wach auf, trink Kaffee, geh arbeiten,
vergiss, dass Montag ist.

Ich habe bereits alles gesagt! Ich habe bereits alles gesagt!
Es ist schon das vierte Glas Bier, das ich heute getrunken habe,
und immer wieder muss ich die Stelle aus der LP von Pablo Today
„It could happen to you"
hören, sehen, fühlen,
die Passagen mit Lorne Lofsky an der Gitarre,
während draussen heulend der Wind fegt,
die Schützenpanzer der helvetischen Lach- und
    Schiessgesellschaft
mein Häuschen aus dem Leim gehen lassen.
Die schweren Raupen kreischen an mir vorbei,
zweimeterachtzig von der Feldschlösschen-Bierflasche auf dem
    Fenstersims,
am Dienstagabend,
meistens nachts,
damit man sie aus der Stratosphäre schlechter ausmachen kann,
am nächsten Tag kommt dann 6000 km weiter östlich von hier,
irgendein Kommandant in irgendein Büro
und meldet die Verschiebung der Panzerdivision sechs,
an der seltsamerweise drei deutsche Leopardenpanzer
    auszumachen waren,
das alles in der Frankengasse,
zweimeterachtzig an meinem Bier vorbei,
vom Weltenraum aus registriert.
Es wird die Zeit kommen,
in der die Russen auf mein Bier auf dem Fenstersims aufmerksam
    werden,
das ist dann die TOTALE Kontrolle,
John Haig greifbar wie immer
und dem Nachtkonzert von DRS 1,
und alle wissen, was ich nicht merke
– weil mein Zustand sehr fortgeschritten ist.
Die knallen einem alles so lieblos vor die Fresse,
weinende Narben im Bauch,
jeder Tag gleicht keinem andern.
Gestern half ich dir zu überleben,

kreischende Pneus, abgefahren, wie meine innere Struktur,
dann Silber mit Käse,
ich schau so in die Plastikverpackung – mit wachsender
    Beunruhigung,
dann greift meine Hand in dieses Zeugs,
nach dem mich mein Magen zwingt,
diese Eierschachtel voll Hamburger mit Saucen wie Augen.

Ich hatte mich in der letzten Zeit so zurückgezogen,
dass es mir entging, aus dem Fenster zu schauen.
Ich klebte Bilderrahmen auf die Fensterscheiben,
dort wo der Apfelbaum blühte, klebte ich den grossen
    Kitschrahmen,
den ich zuerst mit der Säge den entsprechenden Fenstern
anpassen musste,
immer auf Anpassung bedacht,
dann mantschte ich den Rubber Zement in die Geerung,
wartete fünf lange Minuten, bevor ich die einzelnen Teile
aneinanderpressen konnte,
es war wie Presswehen für mich,
eigentlich nur
um ein Stück Natur einrahmen zu können.

Ich schau über den Rand meiner Blumentöpfe
auf dem Fenstersims in den Garten,
wo ich soeben sechsunddreissig Salatsetzlinge in die Erde geknetet
und mit der gelben ausgebeulten Giesskanne gut bewässert habe,
dann siehst du von der Schreibmaschine aus, wie sie dir zuwinken,
still vor sich herstrahlen;
mit erdverkrusteten Händen schreib ich dann an meine Freunde in
      Griechenland,
dass sie mir fünfzig Liter Olivenöl schicken,
per Schiff,
dass die Salate genug Zeit haben zu wachsen,
essen werde ich sie ja dann alle auf einmal müssen
wie letztes Jahr,
diese immer wiederkehrenden Salatwochenenden
mit Liebstöckel, Thymian,
und Rosmarie mit ihren wulstigen Lippen
und ihrem immer kaputten Austin Mini,
und du siehst aus dem Fenster dort am Horizont am Lindenberg,
wie irgendeine Sonne vor sich untergeht,
und ich in ägyptische Finsternis tauche.

Ich wollte nie mehr auf der Strasse angesprochen werden,
ich wollte nie mehr eine Knarre im Gurt tragen,
nie mehr auf die mich verfolgenden Schatten mit der
38er-Special schiessen,
nie mehr am Fischbacher Mösli weinen mit meinen
33 Jahren,
und ihr merkt nicht,
dass wir Geduld haben
– aber der Finger ist schon lange am Abzug,
und die Schüsse werden nicht widerhallen,
es wird eine Stalinorgel sein,
ich weiss es
– ich kenne die Lavaströme des Abgrunds –,
spiel aber das Spiel mit
und bin immer dran abzuhauen.
Das alles in einer kleinen Schweizer Stadt,
mit einer Bahnhofstrasse und einer kleinen Napfgasse,
wo sich Pralinen türmen
EINSAM WIE DER STERBENDE LEITWOLF

Sie waren wieder da, die Hyänen
aus Hüttenwilen an der Loire,
sie zitieren den Melker aus Marthalen
und seine Blutdruckschwankungen,
lachen über den Fick an der Mohawk Motor Oil Station in
       Colorado anno 78
und gebrauchen die Worte SEHR HÜBSCH und ja wissen Sie
wir sehen dies und jenes sowieso anders – und die Banken,
       wissen Sie.
Ich wusste es.
Es stand an den Wänden in der Froschaugasse,
Banken unterstützen die Folter in der Türkei,
im Hindukusch,
überall wird gefoltert,
überall wird gefoltert, überall, wo ich nie gewesen bin,
in Hüttwilen, in Amriswil oder Herisau,
am Rio Negro, in Santa Barbara, Nicaragua oder Beinwil am See,
auch ich werde gefoltert
von unsensiblen materialistischen Verlegern,
mit dem Bier schnell ein Blatt versaut,
und sagt: Das spielt jetzt auch keine Rolle mehr,
und wir nehmen dies, und wir nehmen das, und Sie
hören von uns, nicht wahr?

161

Vera Piller an einem Poesiefestival

Beim Hotel „Zürichberg", zur Kur nach einem Herzinfarkt (1980)

164

Mein Gesicht ist zu sanft

Fragmente 1979/80

Ein künstliches Gefühl unter der Oberlippe,
nebenan das Zimmermädchen,
das den Raum für kommende Gäste saubermacht,
nur ich gehe nie weg,
keinen Schritt aus diesem Hotel,
in dem ich langsam vergreise,
Vollpension.
Manchmal habe ich so ein irrsinniges Gefühl
von Hochleben in mir.
Wie bin ich überhaupt hierher gekommen?

Geh hinaus und grabe – Engel,
grabe nach Erde,
zerhacke den Asphalt,
grabe nach Erde!!
Springe nicht vom Dach auf die Erde,
ich brauche dich,
springe nicht von der Brücke in den Fluss,
ich brauche dich,
ich brauche nicht das Blut,
das aus deinen aufgeschnittenen Adern fliesst,
ich bin ganz und gar vernichtet
ICH WILL EINEN BLAUEN JOINT

Ich begehe das Verbrechen, Barbara nicht ernst zu nehmen.
Viele Tote,
weil ich ihre Angriffe nicht mehr aushalte,
Zuchthaus,
Ketten,
Wasser und Brot.
Barbara kommt mich besuchen,
mit Tränen der Reue in den schwarzen Augen.
Ich tröste sie:
Mir geht es gut hier,
sage ich
und sehe auf die Handschellen.
Zwanzig Jahre,
was ist das schon?

Ich werde mir nach diesem Gedicht
vielleicht die Finger abschneiden,
damit nicht mehr so viele Druckfehler passieren –
oder soll ich weiterhin
aus Gewähr
Gewehr machen
und mir dadurch den eigenen Strick drehen,
und mir dadurch noch mehr versauen,
als es bisher schon der Fall war?

Mein Gesicht ist zu sanft.
Wenn sie bloss nicht alle zu mir heraufkommen
mit ihren Äxten.
Schliesslich hält der Zug
und ich steige aus,
steige immer aus.

Solange noch Eier im Haus sind,
kann mir nichts passieren.
Gestern zwei hartgekochte zum Frühstück,
zum Abendessen
vier Spiegeleier,
eine Flasche Rotwein.
Heute Mittag rief mich ein Freund an
und erzählte mir etwas über den
hohen Cholesteringehalt bei Eiern.
Ist das ungesund?

Uniformierte Domestiken stehen im Raum
bereit,
Befehle zu empfangen.
Blutbespritzte Gedanken
bewegen sich in ihrem Hirn,
werden von ihren Herren
im Keim erstickt,
in gewohnte Bahnen gelenkt,
und der Knochenschrei
damit beendet.
Bleiben uns müssige Überlegungen
über vergangenes Unrecht,
das gleiche in unserer Zeit
nicht überblickend.

... schreib weiter, was in Andermatt begann ...

Zwei Gedichte von Vera Piller und Werner Bucher (1980)

Andermatt, Ostersonntag

Also, ich
versuche jetzt
den Zauberlehrling
völlig
aus meinem Ge-
dächtnis zu vertreiben,
und zwar
ein für alle mal!
Ich beginne ein
neues Leben in
diesem komischen
Andermatt
   ohne Zigaretten & ohne Spaziergängerwut,
weiss Gott, Fussball
   ist nicht meine grosse Liebe, aber als
                            vor Jahren
   Eusebio explodierte
    & sein schlanker Körper
      vor dem Torhüter der Blauen der Grünen
                            auftauchte,
wusste ich (was ich weiterhin weiss), wir
   schieben sie weg
               die Bullen die Väter, immer
ist jeder Morgen neu,
               selbst die Schwimmzüge
                        im Teich hinterm Haus
   nimmt dir keiner,
unglaublich, dieser Aufschwung, diese Hände, die
      uns grüssen, nie mehr
wird ein grosser Mensch
   (ein Meter und neunundachtzig Zentimeter)
        mein Leben bedrücken, allein schon, weil
Kobolde, Riesen, Hexen,
      Räuber & Wölfe

     in der vereisten Vergangenheit
         Andermatts
in den blauen grossen See laufen,
du weisst,
   das hat's mal gegeben,
 ein Junimärchen,
du hast das Gefühl, es
gäbe Bedrohlicheres,
 & dann, wie du es nicht erwartest,
findest du Gold
     nicht in Amerika & nicht in Torremolinos
sondern hier
    in Andermatt, auf-
gepflockt, direkt hinter der Kirche, aus-
 bleiben wird die Kündigung
 (obschon Eursebio das 1 : 0
       verpasste), du
kannst lächeln
   über musikalische Misstöne,
exakt sieben Gruppen spielen
     im Wetzikoner LP-Shop
 deine aggressiven Kinderlieder, &
  auf einmal blinzelt der Goldfisch, als ob
er beschwipst wäre,
verlange doch nichts, steure
 den Toyota rund
    ums innig geliebte Frühstücksbrot,
tu es &
 versuch nicht die
Gier zu bremsen. Nein,
nicht diese Gier,
– die andere –, wir
werden gross, wir
werden uns nicht
unterkriegen lassen
 & immer, wenn Ihr meint

  jetzt haben wir dich,
immer dann
   habt Ihr einen
Fehler gemacht.
Denn nicht jetzt,
später wird es geschehn, & nie
werdet Ihr es schaffen,
je eher Ihr kommt,
desto früher erschlagen wir Euch,
    kein Bulle mehr
wird Marihuana-Wäldchen abholzen, &
   Jimmy Cliff
     wird mit dir & mir
 einen hinlegen, bis
Ihr allesamt
   Eure Bäuche spürt
& erkennt,
lausig sind wir, Frankfurt
   sogar wird sterben, die
hässlichste Stadt, die je
   zu Deutschland gehörte,
ach, Bismarck, du warst
  ein fieser Muttersänger, auch
 Napoleon war
was Franz Josef ist & Towarisch soundso
    noch etliche Monate bleibt:
ein Baby, das nie
 gestreichelt wurde, jede
Verbindung stirbt, wenn
   das Wasser fehlt,
oh ja,
 das Wasser
& das Grab
mit den Händen aufgekratzt
& durchgewühlt, solange, bis
ich tatsächlich die Knochen

Bismarcks in der Hand
hielt.
Sein Name stand auf dem Grabdenkmal,
ich war damals 6 Jahre alt,
   es gab die Liebe
         unter Besoffenen
  & jene von Vögeln & Hunden,
um sechs stehe ich auf, gebe
              Körner den Meisen den Amseln
& du bist so schön so jung, eine
   Frau, die vieles vergessen will,
schreib weiter, was in Andermatt begann, singe
Elvis oder das Tantum ergo, wir haben
  in der Schöllenen
             den Schnee überwunden
& wie wir beinah
             in den Abgrund stürzten,
wurde mir klar, dass du
     meine Liebe zu dir niemals
                  umbringst
(zu innig ist sie mit Yoghurt vermischt),
   unglaublich hübsch ist dein flatterndes überdrehtes
   Herz dein
Zorn auf die Herren
             hat auch seine smarteren Seiten, im
  „Barbatti" liest ein Einsamer
              das gestrige „Vaterland", während
du denkst, so wie
   wir das bringen, geht es nicht. Du
bist ein Journalist
      & ich bin eine Träume-Träumerin
& überhaupt, GC
  ist so viel besser
        seit 11 1/2 Jahren, nichts
begreifst du, was
      Fussball betrifft

& was Dichter
        entfesseln (können), wir
sind Journalisten
        so gross wie Moses &
    Billy the Kid, gib
        auf dein Geflatter, den Hass
    gegen elegant herausgespielte Tore,
selbst Goethe würde jubeln, läse er,
    was ich im Yoghurt-Becher entdeckt habe
        (keineswegs „mehr Licht"), rot
ist er immer
    oder pfirsichblau, &
der Chianti vor uns
        verschiebt Andermatt
            & die schreckliche Strasse,
jeder Tourist fällt tot um
            & verliert seinen Marsanzug, ob-
duziert wird morgens, von Ärzten
            wie du sie liebst, das
alles erklärt doch nur
    wie sehr wir dein Lachen mögen, auch
wenn Oscar Wilde erneut durch Abwesenheit auffällt
& sein „Sozialismus oder die Seele des Menschen" weder
        dich noch mich rettet. Beim Zoll
kam er nicht durch, was
Generalissimus Franco
veranlasste zu schreiben:
Nie erhalten, Costa Dorada ohne Worte.
Drei lange Monate, in
deren Verlauf
unser Warten
    gemeinsam mit Büchern & Sehnsüchten
das Meer in Flammen
setzte. Beobachte
aus deinem Versteck, wie
die Häuser um uns

vom Sturm
   zerrissen werden
   & wie ein Dach
   neben dir mit
   unbeschreiblichem Getöse
   zu Boden fällt
   & ein neues Tal gräbt,
   in dem wir uns
   vielleicht treffen
               vielleicht
                  oder bestimmt
                        vielleicht
                        vielleicht
                        vielleicht, ob-
      wohl
         der Rehbock stirbt
            vor Whatcombe's House
   & den Zöllner aus seinem Gedächtnis befördert, wir
      zittern nicht länger, wir
   besteigen endlich das Schiff & erleben, wie
      unser Wirt ins Leere stürzt, nicht
   ahnend, dass wir Liebende sind. Die
   allerletzten Tränen verschwinden
   in der Reuss. Bald wissen es
   alle, der grausame Vater
   sprang erledigt ins Meer. Nur noch
   das Fröhliche wird uns bleiben.

Fellini würde vollends überschnappen
Bericht aus Hemberg & so

Eigentlich wollten wir
        den Zug nach Winterthur besteigen
Sie* aber, Sie
        wollten nach Biberbrugg oder Zug,
immer ist es der Zufall, er
    wirft Liebe aus oder Alleinsein
                je nach Wetter & Jahreszeit,
  du allein
      kennst die Regeln
              & das erschöpfte Gesicht.
Nein, ganz plötzlich
        wollte ich
  nicht länger
        auf den Zug warten, sondern
ein altes, quietschendes Auto kaufen, ganz
  schnell, bevor die
        Läden schliessen, aber du
  dachtest, die andern
& der Fremde so allein
        in Sioux-town,
  das gehe doch nicht,
            er reitet fort
              & kehrt wieder
& sagt dann endgültig, das
    Ding ist getan, ich muss
            in die Ferne,
oh, ihr tv-besessenen Lyrik-Liebhaber,
  ich kann doch nicht
        ein Auto mir kaufen, weil
  die Lust so übermächtig ist, die
            Sehnsucht der Hunger,

---

* Wir meinen wirklich Sie, den Leser.

Fellini oder irgendwer würde vollends
   überschnappen, weil
                  das Akkordeon fehlt, nur
es treibt mich
          wie immer
     weg, weg, jetzt mit dir
         & keine Rekordsucht, kein
Ich-bin-besser-als-du,
     nicht mal fünf Orgasmen hat A.
                              mir beschert, im
     Löwen von Hemberg
                  oder im Löwen von Zell
sang der grössere Trinker, das
     ist vorbei, ab
              heute wird nur noch gelacht
& du trinkst
          (vielleicht in dieser Sekunde)
     deinen Tee-Rum samt Hustentropfen
              & hustest trotzdem deinen Husten,
huste ruhig weiter
     & trink deine Tropfen, geniesse
                      deine Impotenz,
& wenn ich nicht schlafen will, gehe ich, einfach so,
     oh ja, derart gelassen
         denkt manche Prinzessin, die
                      Dornen nicht liebt,
     ich geh, wann ich will, nie
kümmert es mich, wovon
     Lektoren träumen, wir
                  werden sie
          ohnehin aus ihren Wirbeln
befrein, sie
          befrein auch uns, hier
     in Hemberg
              oder auf den Felsen
                          der Einsamkeit,

glaube daran,
          verquerer Cervelat-Cowboy,
das klingt so grossartig, so verdammt gross-
   artig, gerade jetzt, während
            Inzucht um uns hockt
                    mit roten Nasen
    & Reinhard Mey im Ohr, komm doch
     mein Zeitungskäufer, be-
greife Hemberg, hoch
              über dem Tal des Toggenburgs
   & über den Appenzeller-Weiden, kein
Kelte
    (oder nur ein Kelte?)
   weiss, was Liebe, was Zukunft ist,
      fahren werden wir, fahren
zu den Seen der Traurigkeit, zu den Ufern
                 ungehemmter Freude,
hast du je
       geahnt, wie sehr der Engel
in Vera in Laura in Laetitia wartet, Satan
   auf seine Schultern zu laden,
hast du das je geahnt, der
             du in Basel, Wiesbaden oder
   Regensburg lebst?, sag doch,
was du denkst, notier's auf,
                gleich jetzt, wo
   der elende Schlager
              uns alle umlegt, während
sie, die aus dem Meer kommt, ihre
    Zigarette im Aschenbecher ausdrückt,
sag es, gib auf
         deine Reserven, deine
   katholischen Vorbehalte,
ich bin es, der nun
   diesem Spiel sein Ende
                setzt, was

soll ich euch denn berichten?, ihr
  wisst sowieso alles, ich
                verspür keine Lust
  morgen früh mit
            Augenringen aufzuwachen,
nur damit ihr übermorgen
               dieses Gedicht
in euren Gehirnen spazieren führt. Ich brauche
  den Schlaf, auch wenn
             der Orangensaft
  Seite um Seite & Leser um Leser
begeistern will, mit munteren
             Zeilen, die niemals enden. Längst
geht's nicht mehr
           um eure holden Personen, ich
  glaube, ihr habt's bemerkt, wir
haben keinen Kaffee, wir haben
             Grappa bestellt,
                   einen!
  & noch einen & noch einen
& dann kommt plötzlich
    eine Art Gott
zu uns an den müd gewordenen Tisch
& wir gehen schlafen mit ihm, nehmen
    ihn ungeniert mit aufs Zimmer
           Nr. 5, & irgendwo im
Thurgau im Wallis errötet allein deshalb
       vielleicht eine vierzigjährige Frau. Ihr
gehört das Gedicht
    oder dir, in
gar keinem Fall werden wir aus Verzweiflung weinen.

                 Hemberg, 8/2/80

Über diese Ausgabe

Von Virgilio Masciadri

Zu Lebzeiten Vera Pillers wurde nur ein kleiner Teil ihrer Lyrik gedruckt. Erschienen sind zwei Buchpublikationen:

> Vera Piller: *Kaputtmacher AG Söhne & Co.* Zürich: eco-Verlag 1979. (neue szene 8). (Im Folgenden abgekürzt zitiert als: **B79**)

> Vera Piller: *Aus meinen grossen Schmerzen mach ich kleine Lieder.* Kinderlieder. Mit einem Vorwort von Werner Bucher. Zürich: eco-Verlag 1980. (neue szene 12). (Im Folgenden abgekürzt zitiert als: **B80**)

Daneben stehen Beiträge in Zeitschriften, wobei es sich teilweise um Nachdrucke aus **B79** handelt, so in der von Bernhard Streit herausgegebenen Berner Literaturzeitschrift *Lichtspuren* Nr. 1 (Frühjahr 1980) und Nr. 3 (Frühjahr 1981), sowie im Schweizer Verbandsorgan *Der Buchhändler* Jg. 1981, Nr. 5, S. 11 f. Erstpublikationen finden sich dagegen in *Lichtspuren 4* (Dezember 1981) und in zwei Nummern der Schweizer Literaturzeitschrift *orte*, nämlich in *orte 27* (Dezember 1979) S. 22 und *orte 28* (März/April 1980) S. 10 f, sowie in *Nix Neues* 1 (Zürich: Babajaga-Verlag). Ausserdem besprach Vera Piller gemeinsam mit Werner Bucher eine Audio-Kassette mit ihrer Lyrik (*Holde und Unholde*, 1980).

Eine grössere Auswahl von Gedichten wurde (zusammen mit Texten anderer Autoren) in dem Vera Piller nach ihrem Tod gewidmeten Heft *orte 44* (Oktober/November 1983) veröffentlicht. Ein Jahr später erschien die bisher vollständigste Buchpublikation:

> Vera Piller: *Macht damit was ihr wollt.* Lyrik und Prosa. Herausgegeben von Rolf Thut. Zürich: eco-Verlag ^{1}1984, ^{2}1993. (Im Folgenden abgekürzt zitiert als: **B84**)

Die Manuskripte

Der Nachlass von Vera Piller wurde von ihrem Verleger Rolf Thut gesichtet. Ausser einem publizierten Werkverzeichnis (**B84**, S. 135f) liegt von seiner Hand eine detaillierte maschinenschriftliche Liste aller Gedichte und anderen Texte vor. Diese Vorarbeiten bilden eine wesentliche Grundlage unserer Ausgabe.

Als Textbasis haben wir alle erreichbaren Drucke und Manuskripte zusammengetragen und verglichen. Die in Rolf Thuts Verzeichnis aufgelisteten Texte konnten vollständig nachgewiesen und identifiziert werden, auch jene, die nicht in **B84** enthalten sind. Zugleich erwies sich Thuts Inventar als vollständig. Neu aufgetaucht ist lediglich eine Reihe von Kinderliedern, doch wurden diese von Thut – angesichts ihres unbestreitbar sekundären Werts – in seinem Verzeichnis nie einzeln aufgelistet.

Vera Pillers handschriftliche Originale sind verschollen, doch von den meisten Texten gibt es zwei maschinenschriftliche Fassungen, eine frühere, ganz in Kleinschrift und ohne Satzzeichen (im Folgenden abgekürzt als: **m1**), sowie eine spätere in normalisierter Orthographie (im Folgenden abgekürzt als: **m2**). Rolf Thut schreibt über die Entstehung von **m2** (**B84**, S. 135): „Die zweite Fassung entstand im Winter 1982, als die Dichterin selbst eine Auswahl ihrer Texte besorgte, die dann in ihrem Auftrag – sie selbst war dazu nicht mehr in der Lage – ins Reine geschrieben wurde." In einigen Fällen lässt sich allerdings anhand von Publikationen oder datierten Manuskripten nachweisen, dass die Gedichte schon vor 1982 ein erstes Mal überarbeitet wurden.

Soweit möglich folgt unser Text der Fassung **m2**, welche den letzten von Vera Piller selbst gebilligten Text darstellt; nur in einer geringen Zahl von Fällen haben wir aus unterschiedlichen Gründen andere Versionen bevorzugt.

Verfügten wir über kein Manuskript vom Typ **m2**, haben wir vor allem Fassungen berücksichtigt, die noch in die Lebzeit Vera Pillers zurückgehen. Eine Ausnahme bildet **B84**, dessen Text wir abdrucken, wenn uns daneben nur ein Manuskript vom Typ **m1** vorliegt, und zwar in der Annahme, dass die damaligen Herausgeber Rolf Thut und Ricardo Ledergerber noch über mittlerweile verschollene Abschriften vom Typ **m2** verfügten. Wie einzelne Abweichungen gegenüber **m2** in **B84** zeigen, muss dort zwar mit gelegentlichen Eingriffen gerechnet werden; Änderungen von **B84** gegenüber **m1**, die über Interpunktion und Orthographie hinausgehen, haben wir jedoch im Kommentar nachgewiesen. Im einzelnen erscheinen:

– nach **B84** die Texte auf den Seiten 28, 29, 48, 50, 90, 92, 127, 135 f, 139, 142, 151, 154, 158, 159, 160;

– nach **m1** die Texte, wo wir sonst keine andere Vorlage hatten, namentlich jene auf den Seiten 17, 30 f, 32, 56, 58, 64, 84, 89, 91, 170;

– grundsätzlich nach dem Text der Buchpublikation **B80** alle Kinderlieder.

Weitere Sonderfälle verzeichnet der Kommentar zu den einzelnen Gedichten.

Zum *Kaputtmacher*-Band **B79** hat sich ausserdem eine (nicht ganz vollständige) Maquette erhalten, bestehend aus Kopien von **m1**, die handschriftlich korrigiert wurden, zuerst von einer fremden Hand (wahrscheinlich Rolf Thut), dann von Vera Piller selbst, welche die Texte zum Teil nach Thuts Vorschlägen überarbeitete. Wir weisen das im Kommentar nicht einzeln nach, ausser in zwei Fällen, wo die Dichterin ganz von Rolf Thut formulierte Verse übernahm.

Vor allem einzelne späte und noch unpublizierte Gedichte enthalten gelegentlich unklare und kaum verständliche Stellen, die Entwurfscharakter tragen oder beim Abtippen entstandene Fehler darstellen. Nur vereinzelt schien es uns möglich, diese Problemstellen durch eigene Vermutungen zu korrigieren. Wir haben solche Eingriffe im Kommentar jeweils mit dem Vermerk ‚Unser Text' ausgewiesen

Nicht aufgeführt werden Abweichungen in der Interpunktion. Vera Piller hat die Gedichte ja nicht selbst abgetippt, und noch in **m2** und in einzelnen Drucken ist die Zeichensetzung nicht nur selektiv und willkürlich, sondern widersinnig (so häufig in **B80**). Schon die Herausgeber von **B84** haben sich deshalb entschieden, Rechtschreibung und Interpunktion weitgehend zu normalisieren; diesen Weg haben wir hier fortgesetzt.

Vera Piller bringt in den Manuskripten häufig einzelne Passagen oder Wörter zur Hervorhebung in Majuskeln. Die Herausgeber von **B84** haben diese Praxis nur teilweise übernommen, wenn auch nicht völlig getilgt.

Hier sind wir immer den Manuskripten gefolgt, ohne im Kommentar einzeln zu notieren, wo diese Auszeichnung in älteren Drucken fehlt.

Ausserdem finden sich in den Kinderliedern gelegentlich nach dem Vorbild der zugrunde liegenden Volkslieder Wiederholungen einzelner Verse und Versgruppen, die im Druck von **B80** ausgeschrieben sind. Hier haben wir auf die Wiedergabe solcher Repetitionen verzichtet, soweit sie rein musikalischen Gesetzen gehorchen. Der Leser braucht sich ja nur die Melodie zu vergegenwärtigen, um zu merken, was verdoppelt werden muss. Ebenso korrigiert wurde in einer Reihe von Liedern der in **B80** teilweise in Unordnung geratene Umbruch der Zeilen.

Zur Datierung und Anordnung der Texte

Vera Piller sammelte ihre Gedichte zunächst in zwei Heften, denen sie die Titel *Traurige Trips* und *Traurige Trips II* gab. Im Dezember 1978 hat sie aus diesen beiden Sammlungen und einer Reihe von neuen Texten zuhanden ihrer Schwester, Barbara Riedl-Kinz, ein Konvolut zusammengestellt und geheftet, dem sie den Titel *Zürich Kaputtmacher AG & Companie* gab; eine Reihe von frühen Kinderliedern streute sie dabei zur Auflockerung zwischen die anderen Gedichte. Die im *Kaputtmacher*-Band (**B79**) abgedruckten Texte sind nur ein Auszug aus diesem viel umfangreicheren Manuskript. Eine handschriftliche Notiz Vera Pillers in der Maquette zu **B79** zeigt übrigens, dass die Autorin bereits bei dieser Publikation den später von den Herausgebern für **B84** benutzten Titel „Macht damit was ihr wollt" vorschlug.

Zur Datierung der nicht diesen frühen Sammlungen angehörenden Texte schreibt Rolf Thut (**B84**, S. 135): „der Grossteil der späteren Texte entstand in den Jahren 1979/80, nur noch wenige an der Frankengasse (seit 1981)."

In ihrer letzten Zeit plante Vera Piller, einen Sammelband aus Gedichten und ihren Tagebüchern zusammenzustellen, dem sie den ironischen Titel *Bestseller* geben wollte. Die Herausgeber von **B84** haben nach ihrem Tod, ausgehend von zum Teil wohl mündlichen Entwürfen und Anregungen der Autorin, versucht, diesen Plan umzusetzen. Entgegen der Behauptung des Klappentexts von **B84** enthält der Band also nicht „das gesamte lyrische

Werk der Dichterin": er lässt nicht nur alle Kinderlieder sondern auch etliche andere Texte weg. Ebensowenig gilt das in der Nachbemerkung festgehaltene Prinzip der Anordnung („in dieser Ausgabe sind die Gedichte vor 1979 unter dem Titel ‚Macht damit was ihr wollt' zusammengestellt", so **B84**, S. 135) wirklich verbindlich, sondern es finden sich frühe Texte auch im Schlussteil des Bandes mit dem Titel ‚Weil nämlich die Engel fehlen'.

Für unsere Ausgabe, welche die Gedichte erstmals wirklich vollständig bringt, entschieden wir uns, nicht das Arrangement von **B84** mit Nachträgen zu wiederholen, sondern ganz neu anzusetzen. Ziel war eine Edition, die Arbeitsweise und Entwicklung der Autorin möglichst deutlich hervortreten lässt. So beginnen wir mit den Gedichten vor 1978, und zwar soweit möglich in der Reihenfolge, wie sie von Vera Piller im *Kaputtmacher*-Manuskript zusammengestellt wurden (inklusive die dort von ihr eingereihten Kinderlieder); daran schliessen sich die übrigen frühen Gedichte aus den beiden Sammlungen der *Traurigen Trips*, die restlichen *Kinderlieder* und endlich die späten Gedichte so, wie sie Rolf Thut in seinem Nachlassverzeichnis chronologisch geordnet hat. Den Abschluss bilden die zwei Langgedichte, die Vera Piller mit Werner Bucher gemeinsam schrieb.

Folgende Besonderheiten sind ausserdem zu beachten:

– Vera Piller hat gelegentlich einzelne Gedichte stark überarbeitet, so dass die Neufassungen als selbständige Texte erscheinen, aber der Bezug zur früheren Version noch sichtbar ist. Bereits Rolf Thut hob ein paar derartige Fälle in seinem Verzeichnis hervor und druckte in **B84** meist nur eine Fassung. In unserer Edition haben wir Zweitfassungen mehrfach direkt an die ursprünglichen angeschlossen, auch wenn damit die Prinzipien der Anordnung durchbrochen werden. Der Kommentar weist dies in jedem Fall einzeln nach.

– Die Kinderlieder, die Vera Piller zur Auflockerung im *Kaputtmacher*-Manuskript gestreut hat, sind auch in **B80** nochmals abgedruckt; wir bringen sie hier nur an der ersten Stelle.

– Eine Reihe von Texten aus den Jahren 1979/80 deklarierte Rolf Thut in seinem Verzeichnis als Fragmente und liess sie in **B84** weg. Es handelt sich um kürzere Texte, die den Eindruck mehr von Ideenskizzen als von ausgearbeiteten Gedichten machen. Wir haben diese in einem Anhang zur späteren Lyrik gesondert zusammengestellt und noch ein paar weitere Texte dort eingeordnet, die unseres Erachtens denselben Charakter tragen.

Im folgenden Kommentar verzichten wir bei den Anmerkungen über Textvarianten einzelner Drucke und Manuskripte darauf, Rechtschreibung und Interpunktion wie im Haupttext zu normalisieren.

Rolf Thut hat ferner auf einem Beiblatt zu seinem Werkverzeichnis eine Reihe von bisher unpublizierten sachlichen Anmerkungen zu einzelnen Gedichten zusammengestellt. Diese Erläuterungen wurden hier vollständig übergenommen und von Werner Bucher ergänzt. Eine Trennung dieser Sacherklärungen vom kritischen Apparat wäre typographisch schwerfällig. So haben wir im Folgenden beides in einem Kommentar zusammengefasst, der hoffentlich allen Lesenden hilft, die Texte neu zu verstehen.

Jetzt aber ist noch zu danken: Der *edition 8* (als Nachfolgerin des eco-Verlags) für die Erlaubnis, Texte von Vera Piller und Rolf Thut für diese Edition zu benutzen. Ausserdem Barbara Riedl für ihre Zusendungen, Barbara Traber und Irene Bosshart für ihre Mitarbeit bei der Herstellung und Gestaltung der Druckvorlagen, sowie Hannes Ghielmetti und Verena Stettler für ihre grosse Hilfe bei der Beschaffung von Material und Informationen. Ihnen allen verdanken wir es, dass dieser Band möglich wurde, der die Gedichte von Vera Piller wieder zu den Leserinnen und Lesern bringt. Das freut uns.

Bildnachweis

Die Fotografin oder der Fotograf der Bilder auf dem Buchumschlag und auf Seite 161 oben ist uns nicht bekannt. Die Fotos auf den Seiten 33 bis 36 stammen aus dem privaten Besitz von Barbara Riedl. Die Fotos auf den Seiten 85 bis 88, 161 unten und Seite 164 wurden von Dominique Piller gemacht, das Foto auf Seite 163 von Erich Nussbaum.

Kommentar zu einzelnen Stellen

S. 17, Zeile 2: *die Sekretärin Lenins*: Die Sekretärin Lenins aus seiner Zürcher Zeit war eine Vera Piller persönlich bekannte ältere Dame, die in Zürich eine Art Esoterikladen führte. In einem diesem Laden benachbarten Lokal fanden oft Veranstaltungen der Literaturzeitschrift ‚orte' statt, deren Redaktion die Dichterin damals angehörte.

Zeile 29f: *in der ... im ...*: gemeint wohl: *in der Schoffelgasse im 1. Stock*, wo der Esoterikladen der Sekretärin Lenins lag.

Zeile 30: AUF DRINGENDE BITTEN: so in **B84**; **m1** hat stattdessen NACH DRINGENDEN BITTEN.

S. 18f, Zeile 26ff: *Züri-Bar*: bekanntes Lokal in der Zürcher Altstadt; *Bodega*: spanische Weinstube im Zürcher Niederdorf; *NO QUIERO* (spanisch): Das brauch ich nicht.

S. 20 unten, Der Schluss des Gedichts lautet in **m1**:
*ich bin die cousine einer schlange
und ich habe angst vor wasserfällen
und grünen wänden
die polizei hält mich an
einer erzählt mir
dass meine scheibenwischer nicht funktionieren
sie notieren etwas
ich bedanke mich gott weiss für was
und bin im grunde genommen froh
dass sie mein wirkliches verbrechen nicht entdeckt haben
traurige trips wie flussbetten
ich reiche meinem spiegel die hand*

Die verkürzte Version findet sich zuerst in **B79**; für die beiden letzten Zeilen ist dort allerdings die Fassung von **m1** beibehalten. So ist der Text auch in **B84** abgedruckt.

S. 21 oben, Zeile 4: *gelungen*: Diese Zeile fehlt (wohl irrtümlich) in einer Fassung des Textes, der für **m1** zweimal abgetippt wurde.

Zeile 6: *verstorbenen*: Unser Text. In den Manuskripten steht: *gestorbenen*.

S. 21 unten, Zeile 11 lautet in **m1**: *ohne das Licht*

S. 23, Zeile 13 lautet in **m1**: *ein mann steigt aus und schmeisst zack ein paket auf die erde*

Zeile 24 lautet in **m1**: *tack tack tack mit einem mund voller nägel*

S. 24, Titel: *kindergebet* **m1** / *Die 14 Engel* **B80**

Zeile 6: *zwei an meinem Kopf:* so **B80**, in **m1** dagegen steht die Zeile vor Zeile 5 und lautet: *zwei zu meinem Kopf*

S. 25, Titel: so in **m1** / *Bruder Jakob* **B80**.
Zeile 1: *Bommi* (eig. Michael) *Baumann* gehörte zu Beginn der 70er Jahre in Deutschland zur linksradikalen Szene und gründete die Kampfgruppe ‚Bewegung 2. Juni'. Später distanzierte er sich von der Terror-Szene und veröffentlichte 1975 eine kritische Auseinandersetzung mit seinen Erfahrungen unter dem Titel ‚Wie alles anfing'. Vera Piller bewunderte Baumann.
Zeile 8: *Sigi Widmer* war zur Zeit der Jugendunruhen von 1980 Zürcher Stadtpräsident und vertrat eher konservative Positionen.

S. 26: Der Schluss des Gedichts lautet in **m1**:
unter den schreien einer wahnsinnigen,
dem haar einer wahnsinnigen,
diesem erregenden haar von schreien,
das von zeit zu zeit den schlaf bewegt
ich ziehe es vor
in unmöglichen klamotten herumzulaufen
die ich in der erregung
aus ein paar fetzen zusammengeheftet habe
mit der hemmungslosen freiheit
einer wilden

S. 27, Zeile 9 lautet in **m1**: *und hätte ich rauschgift genommen*
Zeile 17: lautet in **m1**: *um mein zorngerötetes gesicht*, und in **m2**: *um mein zorniges Gesicht*

S. 28: Das Gedicht betrifft den Tod der Mutter von Vera Piller.
Zeile 7: *und wollte einen Crevettencocktail essen*: auf einer der Kopien von **m1** handschriftlich korrigiert zu *Krabbencocktail*.

S. 29, Zeile 15: *Lasst uns die Gespräche schneller führen*: Zitat aus Bert Brechts Sonnett *Entdeckung an einer jungen Frau*: *Und lass uns die Gespräche rascher treiben*.
Zeile 17 f: *Dein Gesicht ist sehr weiss und ungeheuer oben*: Zitat aus Bert Brechts *Erinnerung an die Marie A.*: *eine Wolke ... Sie war sehr weiss und ungeheuer oben*.

S. 32: Die Zeilen 3-5 lauten in **m2**:
Ich habe seit drei Nächten nicht geschlafen,
grinse in den Spiegel und höre das Ticktack

>   *des Weckers.*
>   *Das Gas im Boiler riecht,*
>   Diese Neufassung findet sich zuerst in **B79**.

S. 37: In **m1** finden sich an mehreren Stellen längere Fassungen:
Zeile 14 f: *und dann stand sie neben mir / vor der musikbox / ich fühlte den blick in meiner seite*
Zeile 23: *aber die genugtuung war nicht auf meiner seite*
Zeile 26 ff (Gedichtschluss):

> *während ich alles alles erzählte*
> *bis in die kleinste einzelheit*
> *und ich hasste sie dafür*
> *dass sie nun alles wusste*
> *denn die vergangenheit ist für mich nicht tot*
> *sie ist noch nicht einmal vergangen*

B79 hat bereits die kürzere Fassung (wobei alle Streichungen und Änderungen nach dem Ausweis der Maquette von Rolf Thut stammen), nur dass die beiden zusätzlichen Zeilen am Schluss aus **m1** noch dabei sind; ebenso in **B84**; wir folgen auch hier **m2**.

S. 38, Zeile 4 lautet in **m1**: *spüre die dumpfe zunge in meinem ausgetrockneten mund*

S. 39, Zeile 15 lautet in **m1**: *der betrachtung einer ruhig brennenden kerze hingebe*

S. 40 f: Das zweite Gedicht ist eine Neufassung des Schlusses des ersten. Nur diese Kurzfassung, für deren Text wir hier **B84** folgen, gehört dem Kaputtmacher-Manuskript an, die längere, sehr frühe Version den *Traurigen Trips*. Die letzten beiden Zeilen dieser Erstfassung wurden ausserdem als Schluss des Gedichts auf S. 79 verwendet.

S. 45, Zeile 20 lautet in **B84**: *und mache euch runter*; vielleicht irrtümlich.

S. 46 f, Zeile 8 ff: Diese ganzen Passage ist unklar und schwer verständlich, doch der Text steht identisch in beiden Manuskriptfassungen (**m1** und **m2**) sowie im Druck in *Lichtspuren 4* (Dezember 1981). Vielleicht liegen gleichwohl Abschreibefehler vor, denn der Text dieses Gedichts ist auch sonst gelegentlich problematisch.
Zeile 19 lautet in **m1**: *aber sehr schwach*

In Zeile 22 ff folgen wir **m1**; in **m2** findet sich eine verkürzte Version:
Die Katze geht mir durch den Kopf,
aber ich kann ihn nicht mehr retten;
immer wieder sehe ich ihn vor mir,
und die verlorenen Flügel –
ist das die Welt?
SIND DAS WIR?
Die Katze durchstreift langsam den Raum
Die Neufassung der Zeilen 19 und 22 ff findet sich zuerst, noch ganz in Kleinschrift, in dem Abdruck des Textes in *Lichtspuren 4* (Dezember 1981).
Zeile 23: *aber ich kann ihn nicht mehr retten*: gemeint wohl: den *Liebesvogel*.

S. 48, Zeile 1: *Habe traurige Trips verloren*: Scheint sich auf das Manuskript mit dem Titel *Traurige Trips* zu beziehen, in dem Vera Piller ihre Gedichte ursprünglich sammelte.

S. 49: Nach Zeile 7 folgt in **m1** eine zusätzliche Zeile: *Welche summarischen Urteile*. Diese Zeile steht noch in dem Abdruck des Textes in *Lichtspuren 4* (Dezember 1981), fehlt aber in einer auf August 1982 datierten Version vom Typ **m2**; dagegen hat **B84** die Zeile wieder aufgenommen.

S. 50: Dieses Gedicht betrifft den Autounfall in Frankfurt, dem Vera Piller beinahe zum Opfer fiel.

S. 52 f: Es handelt sich um zwei Fassungen desselben Texts; die erste stammt aus der frühen Zusammenstellung der *Traurigen Trips*, die zweite aus der *Kaputtmacher*-Sammlung. Der Text der ersten folgt **B84**.

S. 54 f: Dem Gedicht wurde später die Widmung hinzugefügt: *Für meine Schwester*.

S. 55: Die letzte Zeile lautet in **m1**: *eile ich noch wirr eurer Schönheit entgegen*

S. 56: Der Anfang dieses Gedichts ist in **m2**, das ausserdem den Titel *Ein Trost für uns* setzt, folgendermassen verkürzt:
Es gibt noch eine Menge
gute Leute,
gute Bücher,

        gute LP's.
        Ein Trost für uns.
        Zeile 6: *die ihr vorangegangen*: Unser Text. In **m1** lautet die Zeile:
        die ihr vorangegangen sind
S. 57: Die Zeilen 16ff lauten in **m1**:
        unter wimmelnden himmeln
        flucht
        die sonne brüllt
        empörung
        verfinsterung
        lachen
        geschrei
        Die gekürzte Fassung findet sich zuerst in **B79**.
S. 59, Zeile 5f lautet in **m1**: *nimm immer schön die rechte / die wahre*
        und die echte
S. 60: Text nach **B79**; Abweichungen der Manuskriptfassung **m1**:
        Zeile 1f: *grobknochige hände haben in meiner / blutenden seele*
        gewühlt
        Zeile 7f: *der schrei nach meiner mutter / der schrei nach meinem*
        geliebten
S. 62: Text nach *orte28*; Zeile 18ff lautet in **m1**:
        ich habe mich
        du hast mich
        wenn du mich sehen kannst
        doch ich will nicht
        dass du siehst
        dass ich augen im kopf habe
        und
        ich will nicht deine fragen beantworten
        ich will mich nicht mit dir amüsieren
        ich will nicht dass du dich mit mir amüsierst
        oder mich krank machst
        ich will dich nicht lieben
        ich will dich nicht schützen
        ich will nicht deine arme
        ich will nicht deine schultern

> *ich habe mich*
> *du hast dich*
> *so soll es bleiben*

Die letzte Zeile ist auf einer Kopie von **m1** handschriftlich korrigiert zu: *lass es dabei*; in **B84** lautet die Zeile: *Lassen wir es dabei.*

S. 63, Zeile 5 lautet in **m1**: *aber sie waren es nicht.* Die Fassung in **m2** findet sich zuerst in **B79** und stammt nach dem Ausweis der Maquette von Rolf Thut.

S. 65: Es handelt sich um zwei Fassungen desselben Gedichts, die erste wird hier nach **m2** gegeben, die zweite nach **B84**; die letzte Zeile der zweiten Fassung fehlt in **m1**.

S. 67: Titel nach **m1**. Zeile 2 lautet in **m1**: *schliesse beide augen zu*

S. 68: Titel nach **m1**.

S. 69: Das *und* am Anfang von Zeile 5 fehlt in **B84**.

S. 70: Abweichende Fassungen:

In **m1** lautet Zeile 3 ff:

> *die kaputten menschen gesehen*
> *fragend in tote augen geblickt*
> *und jedesmal wenn er sich traf*
> *fühlte er wie das leben in ihm pulsierte*
> *so dass man raunend platz machte wenn*
> *er einen raum betrat*

Zeile 16 (Gedichtschluss): Text nach **m1**; in **m2** lautet der Vers bloss: *verändert.*

Die neuere Fassung findet sich zuerst in **B79**.

S. 72: Abweichungen in **m1**:

Zeile 4: *alles was ich tue ist / bereits getan*
Zeile 8: *wo es doch nichts mehr zu denken / und zu tun gibt*
Zeile 25 ff: *sie haben alles getan / das stimmt / alles um mein leben und sterben zu verhindern*

S. 74: Dieses Gedicht steht nicht in der *Kaputtmacher*-Sammlung von 1978, wird aber hier angeschlossen, weil es von Vera Piller und Rolf Thut in den *Kaputtmacher*-Band **B79** aufgenommen wurde, der sonst ausschliesslich Texte aus diesem früheren Manuskript enthält; der Text folgt **B84**.

Zeile 1 lautet in **m1**: *es ist der mensch den du noch niemals gesehen hast.*

Zeile 21 ff lauten in **m1**: *ist es immer das andere auge das dabei war / immer immer / und nachher wird es zu spät für mich sein* Die neuere Fassung findet sich zuerst in **B79**.

S. 77, Zeile 1: *Bleib in der Reihe*: Bezieht sich eventuell auf das konkrete Gedicht von Claus Bremer *immer schön in der reihe bleiben* (vgl. Claus Bremer: *Farbe bekennen*. Zürich: orte-Verlag 1983, S. 40).

S. 78f: Es handelt sich um zwei Fassungen desselben Gedichts; der Schluss der zweiten Fassung stammt aus dem Gedicht auf S. 40. Die erste Fassung wird hier nach **m2** gegeben, die zweite nach **B84**.

Zeile 6 der zweiten Fassung lautet in **m1**: *auch nicht in diesem body*; in Zeile 19 derselben hat *orte 44* den Text: *der verkrampft* (wahrscheinlich ein Irrtum).

S. 81-83: Es handelt sich um zwei Fassungen desselben Gedichts; Text der zweiten Version nach **B84**.

Zeile 15f der Zweitfassung lautet in **m1**: *die rock visionen von lindenberg / erschrecken euch zum leben*

Meat Loaf: Amerikanischer Filmschauspieler und Rockmusiker (geboren 1947), wurde 1977 mit seinem Album *Bat Out of Hell* berühmt.

S. 91, Zeile 13: unser Text. Die Zeile lautet in **m1**: *und die die andern einschüchtern sollte*

S. 92, Zeile 10 lautet in **m1**: *mit dem die story unweigerlich anfängt*

S. 103, Zeile 1: *Werner und Vera*: gemeint sind Werner Bucher und Vera Piller.

S. 110: Zweittitel in **B80**: *Rudi Dutschke*.

S. 114, Zeile 15 lautet in **m1**: *weil ihr denkt, man lässt euch frei*; der Anfang ist handschriftlich korrigiert zu: *und denkt*.

S. 121 Mitte: Der Text liegt in zwei Fassungen vom Typ **m2** vor; Zeile 1 lautet in der einen: *Passt auf! Das tönt wie Marschmusik*; ausserdem setzt dieselbe am Schluss dreimal *Passt auf!*

S. 124: *Du lieber Herr Jesus*: Wir schliessen diesen Text hier an, obwohl er kein Kinderlied im engeren Sinn darstellt.

S. 128 f: Zeile 1: *Als er „Jesus" in mein Tagebuch schrieb*: Vermutlich ‚Daniel', ein junger Mann, den Vera Piller in der psychiatrischen Anstalt Embrach kennenlernte.

Zeile 22 f lautet in **m2** und *orte 44*: *welche das Leben der beiden Krankenschwestern auslöschte, / störte das ARD-Programm für 4 Sekunden.* Die Korrektur *auslöschten/störten* zuerst in **B84**.

S. 131 f: Der Zeilenumbruch dieses Gedichts variiert in den Drucken (*orte 27*, *orte 44*, **B84**) stark und ist offenbar überall falsch. Das Manuskript **m1** zeigt, dass es sich bei einem Teil der Zeilen um eigentliche ‚Streckverse', über mehrere Zeilen hin gehende Langverse, handelt. Diese sind in den Publikationen relativ willkürlich auf mehrere Druckzeilen verteilt worden. Unser Text folgt der ursprünglichen Zeilenaufteilung, bietet aber sonst den Textbestand, wie er für die Druckausgaben hergestellt worden ist.

Zeile 4 ff lautet in **m1**:

niemand bleibt stehn und fragt warum.
nur ein mann wie du einer bist, findet die frau in mir.
ich komme auf dein schiff, und wir fliegen zusammen über's meer

Zeile 20 ff lautet in **m1**:
sagt mir dass es nicht stimmt.
bring mir mal die flasche hier rüber ins licht.
visionen zerschellen zuguterletzt wie glas. ich folge meinem eigenen urteil, doch als gefangene kann ich euch nur bitten

Zeile 25 ff (Gedichtschluss) lautet in **m1**:
kein grund sich aufzuregen. nichts was man mir vorwirft lässt sich beweisen, aber jedes eintreten für eine sache setzt ein zeichen.
bedient euch! Bedient euch meiner

S. 133 f: Die Version von **m1** ist zu diesem Text nur in dem in Kleinschrift gehaltenen Abdruck in *Lichtspuren 3* erhalten.

Zeile 4 lautet nach **m1**: *dass sie sich die flügel verbrennen*
Zeile 11 lautet nach **m1**: *und sich abends besäuft*
Zeile 14: *wie dieser Berner Dichter*: gemeint ist wohl Bernhard Streit, der Herausgeber der *Lichtspuren*.
Zeile 22 lautet nach **m1**: *wie dieser kunstmaler gegenüber in seinem atelier*

S. 135, Zeile 15: *den friedlichen Jungs an der Riviera*: die *Riviera* nannte man die Uferanlage am Limmatquai in Zürich, die in den 70er Jahren ein Sammelplatz der Hippie-Bewegung war.

S. 137 f, Zeile 15: *in dem man Präsidenten anschiesst*: Unser Text. Alle Quellen haben *an dem man ...*

Zeile 24: Statt *Arbeitslosenmonster* hat **B84** *Arbeitslosenminister*; ein Irrtum oder Versuch einer Textverbesserung?

S. 140, Zeile 8: *Diese Frau*: Nicht sicher zu identifizieren; möglicherweise ist die Frau des Zürcher Buchhändlers Pinkus gemeint.

S. 143, Zeile 3 lautet in **m1**: *der himmel so blass geworden ist*

Zeile 6f lautet in **m1**: *die bleiche stirn / im selbsterbarmen streichelt*

Zeile 11 lautet in **B84**: *stürzte ich in ein blaues, flutendes Weinen*

Zeile 17: Zitat aus Georg Trakls *Die Verfluchten*: *Am Abend säumt die Pest ihr blau Gewand / Und leise schließt die Tür ein finstrer Gast.*

S. 147, Zeile 30 f: Text nach **B84**; in **m2** steht: *und fliege / zu mir, zu mir ins Zimmer zurück*

S. 148 f: *Torremolinos*: Ferienort in Spanien an der Costa del Sol unweit von Malaga.

Nach Zeile 17 hatte **m1** ursprünglich eine zusätzliche Zeile: *der schatten des schmuckverkäufers legte sich sterbend auf meinen schoss.* Dieser Zusatzvers ist bereits in **m1** handschriftlich gestrichen.

S. 150, Zeile 31 f: *und ich lebe noch / ABER WIE???*: Bezieht sich wohl auf Vera Pillers Theaterstück *Künstler – aber wie leben?* von 1981.

S. 153: *WEIGERUNG*: Das Gedicht steht wohl im Zusammenhang mit der Kulturfabrik Wetzikon, dem Künstlerhaus Boswil und anderen Institutionen, wo Vera Piller sich vereinnahmt fühlte.

S. 154 ff: Die ab hier folgenden Texte wurden von Vera Piller seit 1981 verfasst, als sie an der Frankengasse in Zürich wohnte.

S. 156 f, Zeile 7: *während draussen heulend der Wind fegt*: Unser Text; in Manuskripten und bisherigen Drucken fehlt *während*, muss jedoch u. E. unbedingt ergänzt werden.

Zeile 19: *Frankengasse*: Dort steht das Häuschen, in dem Vera Piller am Ende ihres Lebens wohnte und wo sie auch gestorben ist.

Zeile 25: *John Haig*: Bedeutung unklar: ‚John Haig' ist eine Whiskymarke, vielleicht ist aber auch Alexander Haig gemeint, der amerikanische Aussenminister aus der Zeit der Administration Reagan.

S. 158, Zeile 3 endet in m2: *geknetet habe*
Zeile 17: *Lindenberg*: Hügelzug in der Nähe des Künstlerhauses Boswil im Kanton Aargau, wo Vera Piller längere Zeit lebte.

S. 159, Zeile 5: *Fischbacher Mösli*: Sumpfgebiet bei Fischbach-Göslikon in der Nähe von Boswil, vgl. die Anm. zum vorhergehenden Gedicht.

S. 160, Zeile 2 f: *Hüttenwilen* (genauer: Hüttwilen) liegt nicht an der Loire sondern ist eine Gemeinde im Kanton Thurgau, *Marthalen* ein Dorf im Zürcher Unterland.
Zeile 9: *Froschaugasse*: Gasse in der Zürcher Altstadt.
Zeile 17: *von unsensiblen materialistischen Verlegern / mit dem Bier schnell ein Blatt versaut*: Von Vera Pillers verschiedenen Herausgebern – Werner Bucher, Bernhard Streit, Rolf Thut – ist hier am ehesten Thut gemeint, der ein grosser Biertrinker war.

S. 167 oben, Zeile 5: *aus diesem Hotel*: gemeint wohl das Hotel ‚Zürichberg', wo Vera Piller 1980 zur Kur weilte.

S. 168 oben, Zeile 1: *Barbara*: lässt sich nicht mehr identifizieren.

S. 173 ff: Die beiden folgenden Texte wurden von Vera Piller und Werner Bucher gemeinsam verfasst; eine Scheidung des jeweiligen Anteils der beiden ist nicht mehr möglich. Der vorliegende Text folgt den Druckausgaben:
– für *Andermatt, Ostersonntag*: Claus Bremer/Werner Bucher/Martin Steiner/Jürgen Stelling: *Zeitzünder 3*. Zürich: orte-Verlag 1987.
– für *Fellini würde vollends überschnappen*: Werner Bucher: *einst & jetzt und morgen*. Zürich: Pendo-Verlag 1989.

S. 176, Zeile 26: *„Barbatti"*: Eine italienische Speisewirtschaft in Luzern.

Eine schwarze Sonne,
die helle Schatten wirft

*Übersicht zu Vera Pillers Leben und Schriften**

1949
Am 31. Dezember in Wiesbaden mit dem Namen Vera Kinz geboren. Kleinbürgerliches Milieu (Vater Bankbeamter, später Gründer einer der ersten deutschen Sparkassen). Der Name Kinz scheint ihr aus verschiedenen Gründen nicht gefallen zu haben. Sie verschweigt ihn nach ihrer Eheschliessung, wann immer möglich.

1950–56
Vera verbringt die ersten sechs Lebensjahre mit ihren Eltern und ihrer drei Jahre älteren, ihr in der äusseren Erscheinung sehr ähnlichen Schwester in Wiesbaden, Bonn, wieder in Wiesbaden und schliesslich in Darmstadt.

1957–64
Grundschule in Darmstadt. Vera fällt immer wieder auf durch überbordende Phantasie und mangelnde Angepasstheit. Als 11jährige Teilnahme an Wettbewerben für Werbetexte, womit sie sich verschiedene kleine Preise und Auszeichnungen verdient.

1965/66
Frauenfachschule in Darmstadt. Spitaleinweisung, nachdem sie eine Packung Hustenpastillen geschluckt hat (vermeintlicher Suizidversuch). Halbjähriger Aufenthalt in spanischer Klosterschule.
Den Herausgebern ist hier noch eine andere Version bekannt: Sie soll in Spanien eine Flasche Hustensirup ex getrunken haben, und zwar mit der Absicht, Selbstmord zu begehen. Es wurde ihr aber nur schlecht.

---

* Zusammengestellt von Rolf Thut 1984 für den Nachlassband *Macht damit was ihr wollt*, ergänzt (2005) von Werner Bucher.

1967–68
Ausbildung zur Fotofachverkäuferin. Am 13. April 1968 wird Vera bei einem Autounfall schwer verletzt. Langer Spitalaufenthalt und mehrere Gesichts- und Fussoperationen. Wegen den Gesichtsverletzungen leidet sie zeit ihres kurzen Lebens und glaubt, sie sei verunstaltet (was jedoch keineswegs zutraf). Im Spital Verlobung mit dem Schweizer Künstler Dominique Piller.

1968–77
Ende 1968 Umzug nach Zürich und Heirat. Unter anderem wohnt sie unseres Wissens am Höhenweg und am Kreuzplatz (hier in einer Art WG). Mit verschiedenen Tätigkeiten wie Kosmetikerin, Masseuse, Serviertochter u. a. ist sie im wesentlichen besorgt für den Lebensunterhalt der brotlosen Künstlerfamilie. 1977 Krebstod der Mutter; Vera Piller, die sie sehr geliebt hat, gibt dem Vater die Schuld. Ehekrise. Erste Schreibversuche zur Bewältigung dieser Erschütterungen.

1978
Scheidung nach zehnjähriger Ehe. In dieser Zeit von Depression und Identitätsfindung entstehen die ersten Gedichte. Im Sommer Zusammenbruch (Gehirninfarkt?) und danach monatelang schwerste Migräne. Endgültige Aufgabe einer weiteren Erwerbstätigkeit und Unterstützung durch das Fürsorgeamt der Stadt Zürich. Antrag auf eine IV-Rente.

1979
Erste Veröffentlichung: *Kaputtmacher AG Söhne & Co.* Ein Jahr „Leben auf dem Lande" in Saland, bis Vera Piller den für sie faulen Frieden und die erneute Enge in einer Zweierbeziehung (mit Ricardo Ledergerber) nicht mehr erträgt. Im gleichen Jahr mehrere Reisen nach Norditalien, Südfrankreich, Spanien und Portugal.

1980
Umzug in die „Villa Honegger" nach Wetzikon und massgebliche Beteiligung am Aufbau und den ersten Aktionen der „Kulturfabrik". Im März Herzinfarkt. Spitalaufenthalt in Wetzikon und Kuraufenthalt im Hotel „Zürichberg" in Zürich. Nach langer Ungewissheit wird Vera Piller nun eine

100%ige IV-Rente zugesprochen. Veröffentlichung der *Kinderlieder*. Tournee mit der Gruppe „Holde und Unholde", zu der auch die Musiker Gudrun Racine, Erich Nussbaum, Burhan Öcal und der Dichter Werner Bucher gehören. Vera Piller singt ihre Kinderlieder und liest ihre Gedichte. Eine Audiokassette dokumentiert die Auftritte der Gruppe. Vera Piller wird Mitglied in der Redaktion der Schweizer Literaturzeitschrift „orte" und stellt unter anderem die Themenhefte *Frauen* (orte 33) und *Knast* (orte 37) zusammen. Im Sommer zwei aufeinanderfolgende Gehirninfarkte. Verlust der Sprache. Im August Einweisung in die psychiatrische Klinik in Embrach. Daselbst Rausschmiss, weil sie von der geschlossenen nicht in die offene Abteilung umziehen will. Der Hauptgrund: Sie interviewt in der geschlossenen Abteilung mit einem Tonbandgerät dauernd andere Insassen, will aus den Gesprächen später ein Buch machen. Mit der erneuten Heimatlosigkeit wieder schwere Depressionen. Sie wohnt vorübergehend bei verschiedenen Bekannten in Zürich. Im Oktober dank der Vermittlung eines Freundes Umzug ins Künstlerhaus Boswil. Aufnahme in den Schriftstellerverein „Gruppe Olten". Briefwechsel mit dem Berner Dichter und Herausgeber der Literaturzeitschrift „Lichtspuren", Bernhard Streit. Freundschaft oder besser Leidensgenossenschaft mit dem Maler Walter Arnold Steffen. Weitere Gehirninfarkte und Beginn einer Psychotherapie.

1981
Nach fruchtlosen Auseinandersetzungen mit der Verwaltung des Künstlerhauses wieder Umzug nach Zürich. Rastloses Umherziehen bei Freund(inn)en in der Stadt und Umgebung. Am 20. Mai Einzug in die langersehnte Altstadtwohnung: Frankengasse 10. Hörspiel *Goldfische* bei Radio DRS (mit Werner Bucher). Theaterstück *Künstler – aber wie leben?*, aufgeführt in der Zürcher Roten Fabrik. Das Stück dreht sich um Walter Arnold Steffen und ist von einer wahren Begebenheit im Künstlerhaus Boswil angeregt. Im Sommer versammelt Vera Piller nochmals alle Lebensgeister und will die Poesie auf die Strasse bringen: Zusammen mit Freund(inn)en veranstaltet sie von September bis Dezember im Café „Beaux-Arts" die wöchentlichen „WILD"-Lesungen mit anderen Dichter(innen)-Rebellen und verteilt im Zürcher Niederdorf Poesiezettel. Zur gleichen Zeit richtet sie in ihrer Wohnung das „Niederdorf-Poesietelefon" ein. Für beide Aktionen erhält sie keinerlei Unterstützung aus dem städtischen Kulturfonds. Im Dezember erneuter Zusammenbruch.

1982
Abklärungen bei verschiedenen Neurologen, Herzspezialisten usw. Rückzug von allen Aktivitäten. Äusserst desolates psychisches und körperliches Befinden. Vera geht kaum mehr auf die Strasse, hat nur noch selten Besuch von Freunden und Bekannten und widmet sich hauptsächlich der Herausgabe ihrer noch unveröffentlichten Texte. Ständige Depressionen und Todesphantasien.

1983
In der Nacht vom 15. auf den 16. Mai ertrinkt die Dichterin nach einem neuen Gehirninfarkt in der Duschwanne ihrer Wohnung. Die Tote wird erst 30 Stunden später aufgefunden, nachdem die Wohnung im unteren Stockwerk vom pausenlos fliessenden Wasser überflutet wird. Aus dem Befund der (amtlich angeordneten) Autopsie: Herzklappentumor (von keinem Arzt erkannt), Status nach Herzinfarkt, zahllosen Gehirn- und Niereninfarkten...
Die Schweizer Literaturzeitschrift „orte" widmet Vera Piller im Oktober 1983 eine Sondernummer, in der Aufsätze und Erinnerungen ihrer Freunde abgedruckt sind (orte 44).

1984
Rolf Thut gibt den 144 Seiten umfassenden schönen Nachlassband *Macht damit was ihr wollt* heraus (2. Auflage mit einem andern Cover 1993).

Im selben Jahr schreibt die Literaturzeitschrift „orte" erstmals den Vera Piller-Poesiepreis aus, der bis 1991 vergeben wird. Dann wirft die ehrenamtlich arbeitende Jury das Handtuch, erschöpft vom Bombardement durch unzählige Einsendungen, meist von eher schlechter Qualität. Folgende Preise wurden vergeben:1984 an Johannes Beil (Sauerlach, BRD) und Michael Düblin (Oberwil, Baselland); 1985 Preis wurde nicht vergeben, Anerkennungsgabe für Erhard Schmied, Saarbrücken; 1986 an Michael Kohtes, Bonn; 1987 an Josef Krug, Dortmund; 1988 an Praxedis Kaspar, Schaffhausen; 1989 an Walle Sayer, Horb-Nordstetten, BRD), Ehrenpreis an Vreni Merz, Steinen (Schwyz); 1990, Jury beschliesst, Preis nicht zu vergeben; 1991 Preis wird an vier Autoren vergeben: René Sommer (Frick), Ueli Schenker (Frauenfeld), Hugo Berger (Stettfurt) und Serge Ehrensperger (Winterthur).

Inhalt

Auf der Suche nach einer neuen, revolutionären Schönheit
Von Werner Bucher 5

Zürich Kaputtmacher AG & Companie

Widerspenstige Tatsachen 17
Disco-Platten 18
Ich sah sie im Lampenlicht sitzen 20
Noch ist alles nur Theorie 20
Der Zustand greift mir in die Flügel 21
Ich lag friedlich auf dem Rücken 21
Ein alter Mann bat mich 22
Ich sehe, wie sie das Haus 23
Die 14 Engel 24
Meister Jakob 25
Ich habe mein eigenes Wohlbefinden 26
Ihr mogelt beim Spiel 27
Als ich sie im Januar sah 28
Die faltige Seele 29
Wo gehst du eigentlich hin 30
Schwäne verenden 32
Sie sass am Ende der langen Bar 37
Fast unfähig zu schreiben 38
Ich befinde mich in einer Situation 39
Grosser Gott 40
Wir trafen uns bei einem Totentanz 41
Es sieht so aus 42
Deutsche Nationalhymne 44
Als ich heute aus dem Café kam 45
Ich könnte einiges erzählen 46
Habe traurige Trips verloren 48
Das hier soll unser Spiel- und Richtplatz sein 49
Mit der Verzweiflung 50

Ich bin auf der Flucht mit dir	51
Ich habe die Künste perfektioniert	52
Ich werde die Mystik unterminieren	53
Es hat sicher eine Zeit gegeben	54
Meiner Liebe zu euch	55
Wir alle kennen Janis Joplin	56
Kleine Sonnen sind vertropft	57
Hört zu	58
Schlaf, Kindchen, schlaf	59
Grobknochige Hände	60
Nach einem kurzen Aufenthalt	61
Ich lebe in einem alten Haus	62
Ich trank die ganze Nacht hindurch	63
Es blieben mir heute	64
Eine Wolke beginnt die Sonne zu verdunkeln	65
Hoch aus der Erde hervorragend Gomera	65
Kinderlied vom bucklig Männlein	66
Müde bin ich, geh zur Ruh	67
Es ist ein Ros entsprungen	68
Ich erinnere mich an Pferde	69
Er ist durch graugestreifte Länder gegangen	70
Vierhundertzwanzig Tage	71
Gerüche wie Chloroform	72
Ich durchquere den Raum	73
Es ist der Mensch	74

Traurige Trips

Bleib in der Reihe	77
Existenzentwurf	78
Merkwürdigerweise	79
Ich wollte dir nicht den Rang ablaufen	80
Also wenigstens	81
Wenn sich wenigstens der Himmel	83
Bleib immer bei der Masse	84
Er will dir nicht die Zunge	89
Im Sonnenausverkauf den besten Strahl	90

In diesem Raum steige ich 91
Merkst du denn 92

Aus meinen grossen Schmerzen mach ich kleine Lieder
Hört ihr Herrn 95
Auf einem Baum ein Kuckuck 96
Ein Vogel wollte Hochzeit machen 97
Fuchs, du hast die Gans gestohlen 98
Ringlein, Ringlein, du musst wandern 98
Die güldne Sonne 99
Weisst du, wieviel Sternlein stehen 100
Der Mai ist gekommen 101
Kommt ein Vogel geflogen 102
Hänsel und Gretel 103
Es waren zwei Königskinder 104
Der Mond ist aufgegangen 105
Laterne, Laterne 106
Alle Vögel sind schon da 106
Der Kuckuck und der Esel 107
Wenn ich ein Vöglein wär 108
Hopp, hopp, hopp 109
Häschen in der Grube 110
Zwischen Berg und tiefem, tiefem Tal 111
Guten Abend, gute Nacht 112
Oh Tannenbaum 113
Die Gedanken sind frei 114
Es, es, es und es 115
Alle Jahre wieder 115
Morgen, Kinder, wird's was geben 116
Kein schöner Land 117
Freude schöner Götterfunken 118

Deshalb schau und unterscheide ...
Zeigt her eure Füsschen 121
Trara, das tönt wie Jagdgesang 121
Summ, summ, summ 121

Wachet auf	122
In Schnutzelputz Häusl	122
Froh zu sein	122
Die Tiroler sind lustig	123
Backe, backe Kuchen	123
Du lieber Jesus	124

Durch diese Strassen geht ein tiefer Riss

Das Ende ist	127
Als er „Jesus" in mein Tagebuch schrieb	128
Die Aufständischen sind ruhiger geworden	130
Die Perspektiven bleiben die gleichen	131
Engel können nicht auf der Erde leben	133
Es gibt welche	135
Gedanken	137
Gegenüber an der Hauswand	139
Ich habe da eine Sache gemacht	140
Ich habe meine Pflicht getan	141
Ich setze mich auf	142
In monogamen Betten	143
Meine kleine weisse Taube	144
Luxus – wohin ich auch blicke	145
Mir fällt ein	146
Soll ich mir eine Flasche Wein	147
Torremolinos	148
Wäre nicht eine gütige Seele	150
Was bleibt einem Künstler	151
Wir kümmern uns nicht mehr	152
Weigerung	153
Dann schaut er dich über den Rand	154
Das mit dem Leim	155
Ich habe bereits alles gesagt	156
Ich hatte mich in der letzten Zeit	157
Ich schau über den Rand	158
Ich wollte nie mehr auf der Strasse	159
Sie waren wieder da	160

Mein Gesicht ist zu sanft
Ein künstliches Gefühl 167
Geh hinaus und grabe 167
Ich begehe das Verbrechen 168
Ich werde mir nach diesem Gedicht 168
Mein Gesicht ist zu sanft 169
Solange noch Eier im Haus sind 169
Uniformierte Domestiken 170

... schreib weiter, was in Andermatt begann ...
Andermatt, Ostersonntag 173
Fellini würde vollends überschnappen 179

Nachwort: Über diese Ausgabe
Von Virgilio Masciadri 184

Eine schwarze Sonne, die helle Schatten wirft
Übersicht zu Vera Pillers Leben und Schriften 200

Alfonsina Storni
Verse an die Traurigkeit
(Gedichte spanisch – deutsch)

„Verse an die Traurigkeit" enthält eine zweisprachige Auswahl ihres lyrischen Werks. In diesem verbinden sich empörischer Aufschrei und Verlangen nach Stille und Einkehr, Naturempfinden und Gottsuche. Visionär wirkt die Sicht auf die Feuerzeichen des Zeitalters. Am Ende ihres Weges gewahrte die Dichterin: „Und aus der Mitte des Waldes/ ruft deine sanfte Stimme nach mir."

(Brückenbauer)

Bisher war es einem des Spanischen nicht kundigen deutschsprachigen Publikum nur unter erschwerten Bedingungen möglich, die Gedichte von Alfonsina Storni zu lesen. Nun hat der orte-Verlag ein sehr schönes Buch herausgegeben, welches einen Querschnitt durch das lyrische Schaffen der argentinischen Poetin gibt. Besonders verdienstvoll ist, dass den von Hans Erich Lampl, Erica Engeler und Werner Bucher übersetzten Texten stets das spanische Original gegenübergestellt wird. Eindrückliche Fotos der Dichterin und das aufschlussreiche Nachwort von Werner Bucher ergänzen den Band, der eine erlebnisreiche Begegnung mit der leider vielen noch kaum bekannten Alfonsina Storni ermöglicht.

(Roland Maurer, „Der kleine Bund")

Alfonsina Storni: „Verse an die Traurigkeit", orte-Verlag, 9427 Zelg-Wolfhalden, 180 Seiten, mit Fotos, CHF 34.00 /€ 19.80

Barbara Traber
Das Abenteuer Provinz
Eine literarische Reportage über den jurassischen Schriftsteller Werner Renfer

In den achtziger Jahren las die damals im waadtländischen Avenches lebende Autorin Barbara Traber in einem Zeitungsartikel über Werner Renfer. Leben und Werk des früh verstorbenen Dichters aus dem Berner Jura liessen ihr keine Ruhe. Sie begann zu recherchieren, fuhr in sein Heimatdorf Corgémont und nach St-Imier, wo Renfer später als Redaktor des „Journal du Jura bernois" mit seiner Familie lebte. Sie folgte auch den Spuren des Dichters nach Paris. Die Armut zwang aber Renfer und seine Frau, Germaine Berthoud, zur Rückkehr in die Schweiz.

Behutsam nähert sich die Autorin dem Dichter und lässt uns an der Entdeckung eines Aussenseiters teilhaben, der in der begrenzten rauhen Welt des Erguel-Tals voller Begeisterung das Universelle, Wunderbare sah und dennoch förmlich an Unverständnis und Alleinsein starb.

Barbara Trabers literarische Reportage trägt dazu bei, Werner Renfer, dessen Prosawerk seit 1997 in deutscher Übersetzung vorliegt, endlich auch in der Deutschschweiz bekannt zu machen.

ISBN 3-85830-099-3, 140 Seiten, mit Fotos, CHF 32.00/€ 18.50
orte-Verlag, CH-9427 Zelg-Wolfhalden, www.orteverlag.ch

Jean-Pierre Monnier
Die Helle der Nacht
Ein eindrücklicher Roman

Als 1960 in der Übersetzung von Hans Rudolf Hilty Jean-Pierre Monniers Roman „La clarté de la nuit" auf deutsch erschien, erfuhren auch Leser und Leserinnen der deutsch-sprachigen Schweiz, dass Monnier zu den grossen Romanciers und Essayisten der Schweiz gehört. Das Buch, 1956 in Paris bei Plon herausgekommen, erhielt keineswegs zufällig den Prix Charles-Veillon. Jetzt ist es wieder erhältlich, und zwar ebenfalls in der Übersetzung von Hilty, aber von Virgilio Masciadri durchgesehen und auf den Stand der späteren Überarbeitung des Autors gebracht.

Der 1997 verstorbene Autor, der in Saint-Imier 1921 zur Welt kam, seine Kindheit in Tramelan und Porrentruy verbrachte, hat in seinem Werk die jurassische Herkunft nie verleugnet; immer wieder taucht der Jura in den Romanen auf. Und nach wie vor verblüfft die karge und präzise Sprache, mit der Monnier in seinem wohl stärksten Roman „Die Helle der Nacht" ins Wort umsetzt: vom Leben und Sterben eines Pfarrers unter harten Menschen und in einer jurassischen Landschaft, die das Letzte von ihm abfordert. Das Finale auf der Kanzel vor seiner verstockten Gemeinde gehört zum Stärksten in der Literatur der Romandie. Höchste Zeit, dass Jean-Pierre Monniers Werk im deutschen Sprachraum endlich wieder zur Kenntnis genommen wird.

ISBN 3-85830-124-8, 141 Seiten, CHF 32.00 / € 21.00
orte-Verlag, CH-9427 Zelg-Wolfhalden, www.orteverlag.ch